职业教育

法律职业教育精品系列教材

# 行政案例研习教程

郝　静　主　编

王文远　副主编

知识产权出版社

全国百佳图书出版单位

—北京—

图书在版编目（CIP）数据

行政案例研习教程/郝静主编.—北京：知识产权出版社，2023.1
ISBN 978-7-5130-8471-0

Ⅰ.①行…　Ⅱ.①郝…　Ⅲ.①行政法—案例—中国—教材　Ⅳ.①D922.105

中国版本图书馆CIP数据核字(2022)第218282号

责任编辑：赵　军　　　　　　　　责任校对：谷　洋
封面设计：纵横华文　　　　　　　责任印制：刘译文

**行政案例研习教程**

主　编　郝　静　副主编　王文远

| | |
|---|---|
| 出版发行：知识产权出版社有限责任公司 | 网　　址：http://www.ipph.cn |
| 社　　址：北京市海淀区气象路50号院 | 邮　　编：100081 |
| 责编电话：010-82000860转8127 | 责编邮箱：zhaojun99668@126.com |
| 发行电话：010-82000860转8101/8102 | 发行传真：010-82000893/82005070/82000270 |
| 印　　刷：北京建宏印刷有限公司 | 经　　销：新华书店、各大网上书店及相关专业书店 |
| 开　　本：787mm×1092mm　1/16 | 印　　张：16 |
| 版　　次：2023年1月第1版 | 印　　次：2023年1月第1次印刷 |
| 字　　数：200千字 | 定　　价：78.00元 |

ISBN 978-7-5130-8471-0

# 法律职业教育精品系列教材
## 编 委 会

### 总 主 编

许传玺

### 编委会成员

# 前　言

　　《行政案例研习教程》是一本旨在提升法律专业学生行政法基本理论实际应用能力的教材。尽管学生通过学习行政法的基本理论已经建立起行政法理论体系的基本框架，但只有将这些基本理论实际运用到具体案件中，解决具体的行政法律问题时，这些理论才可能内化为学生真正理解和掌握的一项法律职业技能。本书正是基于上述目的，并配合"行政法案例研习"课程进行设计和编写。本书在体例、内容上具有以下特点：

　　研习案例取材于真实案例。每每征求学生对教学的意见和建议时，学生总会谈及老师教学案例的陈旧与简单，而行政法的教学应是与时俱进的，是不应脱离社会实践的。本书的研习案例全部选自真实的案例，增加了一些较新的案例，有些甚至是最高人民法院公布的典型案例。希望学生通过对鲜活而真实案例的思考与研究，加深对行政法理论的理解，同时感知我国行政法实践的问题，校正今后学习的方向和路径。

　　研习重心侧重提升实务技能。本书筹划编写的初衷是为已初步具备行政法理论知识的法律专业学生提供一个行政法案例分析实务技能的培养指引。因此，在研习过程中本书侧重证据材料的运用以及法律适用的分析，力求学生在逼真的演练场中，将行政法律理论转化为行政法律实务技能。

　　贴合行政法体系安排的体系结构。本书在体系结构的设计上，充分考虑学生已有行政法理论知识的体系结构，编排完全贴合行政法体系，将选择的重点内容划分为行政处罚、行政许可、行政强制、政府信息公开、行政复议、行政诉讼、行政赔偿七大案例研习模块。

内容编写着力塑造法治理念。除知识目标、能力目标之外，素养目标也是我们既定的教学目标之一。希望我们培养的法律专业人才是掌握法律理论知识和法律职业技能、具备法律思维和法治理念的人才。本书的编写以习近平总书记法治思想为指导，融入法治政府建设的相关理论，使学生通过行政法案例的研究和思考，可以看到我国法治政府建设实践的发展和进步。因此，本书在每个案例研习之末，设有"延伸思考"，希望通过编者的启发，培养学生法治政府的理念和精神。

在编写本书过程中，参考并引用了中国裁判文书网公布的裁判文书、最高人民法院公布的典型案例以及一些学者的观点，在此表达深深的谢意！

本书是各位编者在教学、科研之余的精心之作。每个案例都渗透着作者的辛苦和努力，在此表示衷心感谢！尽管我们精心组织筹划、认真编写核对，但书中不足甚至错误仍在所难免。恳请读者批评指正，编者在此一并感谢！

本书由郝静任主编并统稿，王文远任副主编。各部分编写分工如下：模块一由李苏平编写；模块二由苏丽编写；模块三由郝静编写；模块四由苏丽（案例1）、郝静（案例2）编写；模块五由韩凤然编写；模块六由张运鸿编写；模块七由郝静（案例1）、张运鸿（案例2）编写；二维码由郝静制作。本教材内容由张运鸿、霍改霞负责审核。

编　者

# 目　录

## 模块三　　行政强制案例研习

## 模块四　政府信息公开案例研习

## 模块五　行政复议案例研习

## 模块六　　行政诉讼案例研习

## 模块七　　行政赔偿案例研习

2022 年 1 月

# 模块一
# 行政处罚案例研习

# 案例1 章子诉桥东区城市交通行政执法大队城市交通管理行政处罚案

## 一、基本案情

2009年9月8日中午时分，章子驾驶私家车去单位。在中山路路口红灯停车时遇一白衣男子手捂腹部。男子声称"胃痛"，请求搭载一程。章子当即表示拒绝，说私家车不带人。白衣男子表示肚子疼得厉害，只求带一小段路就行。因为顺路，章子就同意了。上车后，该男子坐在副驾驶的位置，并两次提出付车费10元，均被章子拒绝。当车行至南元公路转弯处（大约两分钟后），章子应男子要求，将车转弯停下。刚一停车，该男子伸手抢拔章子的车钥匙。章子以为遇见劫匪，随即两人扭成一团。这时车外围上来七八名身穿制服的男子。他们打开驾驶室的门，将章子从车上拖下并抢走车钥匙，强行将其推搡至一辆金杯面包车里。在车上，这些穿制服的人自称是执法大队的工作人员（在章子的要求下，只有一人出示执法证件），认定章子搭载乘客的行为构成"非法营运"，并不听章子任何辩解，给他开具了两张单据，分别是《暂扣、扣押物品凭证》和《调查处理通知书》，叫章子签字。章子拒签后，他们在当事人签名一栏中填写：当事人情绪激动，拒绝签字。然后将其推下汽车。此时那位请求搭车的男子已不知去向，章子的轿车也已被开走。

章子为了尽快要回车辆，于 9 月 14 日到桥东区城市交通行政执法大队接受调查、处理。工作人员表示要对 9 月 8 日当天的情况做笔录。在笔录制作过程中，工作人员未按照当事人的口述记录，仅按照执法人员认定的"非法营运"记录，而且表示：你不承认"非法营运"，就拿不到车。章子不得不在笔录上签字。之后，工作人员又拿出《行政处罚事先告知书》和《行政处罚决定书》两份文件让章子签字。在《行政处罚事先告知书》签字时，明确要求章子在告知书上写明"我放弃陈述、申辩"的字样，否则不予提车。章子无奈只得签字。最后，章子在缴纳了 1 万元罚款和 200 元代驾费后要回了自己的车。2009 年 9 月 28 日，章子因不服桥东区城市交通行政执法大队作出的 NO.2200902973 行政处罚，决定向桥东区人民法院提起行政诉讼。

## 二、案例研习

### 项目一：法律关系分析

1. 案件性质

本案属于行政处罚案，是因罚款这一行政处罚行为而引发的行政诉讼案件。

根据《中华人民共和国行政处罚法》（2021 年修订，以下简称《行政处罚法》）的第一章第二条规定，行政处罚是指行政机关在依法对违反行政管理秩序的公民、法人或者其他组织，以依法减损权利或者增加义务的方式进行惩戒的行为。行政处罚对行政主体而言，是一种行之有效的社会管理手段；对行政相对人而言，是一种因其实施行政违法行为而承担的行政法律责任。

2. 案件法律关系主体

桥东区城市交通行政执法大队是本案中的行政主体，其职权源于地方性法规的授权；章子是本案中的行政相对人。

桥东区城市交通行政执法大队是 A 市（直辖市）桥东区交通局下设的交通行政执法机构，属于县级城市交通执法机构。《A 市出租汽车管理条例》第四条规定："市交通行政管理部门是本市出租汽车行业的行政主管部门，负责本条例的组织实施；其所属的 A 市城市交通运输管理处（以下简称市运输管理处）负责具体实施对本市出租汽车客运的日常管理工作，并直接对黄湾、卢浦、徐宁、汇长、静陀、安普等区的出租汽车客运进行日常管理和监督；市交通行政管理部门所属的 A 市交通委员会执法总队具体负责本市出租汽车客运监督检查工作，并按照本条例的规定实施行政处罚。桥东、桥西、金山、嘉北、南江、宝青、南明等区、县交通行政管理部门负责组织本行政区域内的出租汽车客运管理工作。区、县交通行政管理部门所属的交通运输管理机构负责具体实施本行政区域内出租汽车客运日常管理和监督工作；区、县交通行政管理部门所属的交通行政执法机构负责具体实施本行政区域内出租汽车客运监督检查工作，并按照本条例的规定实施行政处罚。"根据该条第二款的规定，桥东区城市交通行政执法大队可以自己的名义实施行政处罚行为，是该案的行政主体。

# 项目二：证据材料分析

1. 被告提供证据的分析

根据《行政诉讼法》第三十四条的规定，被告桥东区城市交通行政执法大队在行政诉讼中负有证明被诉行政处罚行为合法的举证责任。桥东区城市交通行政执法大队在本案中制作并提供了《A市桥东区城市交通行政执法大队暂扣、扣押物品凭证》《A市桥东区城市交通行政执法大队调查处理通知书》《询问笔录》《立案表》《行政处罚事先告知书》《行政处罚决定书》等证据。以上证据均属书证。其中，《A市桥东区城市交通行政执法大队暂扣、扣押物品凭证》《A市桥东区城市交通行政执法大队调查处理通知书》《询问笔录》属事实证据，被告提供这些证据的目的是用以证明原告行政违法事实的存在；被告提供的《立案表》《行政处罚事先告知书》《行政处罚决定书》属程序证据，用以证明其作出的行政处罚行为的程序合法。

但就以上证据的取得方式来看，存在欺诈、胁迫、暴力等严重违法。

2. 原告提供证据的分析

原告对被诉行政行为的合法性不负有举证责任，但对特定案件需要对特定事项进行举证。当然，原告有权提供证据证明被诉行政行为的违法性，但原告提供的证据不成立的并不免除被告的举证责任。

本案原告向法院提交了工作证明、收入证明、向慈善机构多次捐款记录以及单位中午开会的证明。以上证据均为书证。其中，工作证明及收入证明，证明原告有稳定的工作和较高的收入，表明原告不具有为了10元钱从事"非法营运"的主观故意；单位中午开会的证明，证明原告当时正在赶去公司开会，时间紧迫，表明原告也不具有从事"非法营运"的客观条件；向慈善机构多次捐款的记录，不仅证明原告手头宽裕，更证明原告心地善良，所以才会有被骗的事情发生。

# 项目三：法律适用分析

本案涉及法律规范包括：《行政处罚法》（2009 年修正，2009 年 8 月 27 日实施，已被修改）、《A 市出租汽车管理条例》（2006 年 7 月 1 日实施，已被修改）。

1.《行政处罚法》相关规定

【条文 1】第三十七条第一款 行政机关在调查或者进行检查时，执法人员不得少于两人，并应当向当事人或者有关人员出示证件。当事人或者有关人员应当如实回答询问，并协助调查或者检查，不得阻挠。询问或者检查应当制作笔录。

【适用】被告在实施调查时，并未主动出示证件，在原告的一再要求下，执法人员也只有一人出示了证件。其取证程序不符合法律规定。

【条文 2】第三十一条 行政机关在作出行政处罚决定之前，应当告知当事人作出行政处罚决定的事实、理由及依据，并告知当事人依法享有的权利。

第三十二条 当事人有权进行陈述和申辩。行政机关必须充分听取当事人的意见，对当事人提出的事实、理由和证据，应当进行复核；当事人提出的事实、理由或者证据成立的，行政机关应当采纳。

行政机关不得因当事人申辩而加重处罚。

第四十一条 行政机关及其执法人员在作出行政处罚决定之前，不依照本法第三十一条、第三十二条的规定向当事人告知给予行政处罚的事实、理由和依据，或者拒绝听取当事人的陈述、申辩，行政处罚决定不能成立；当事人放弃陈述或者申辩权利的除外。

【适用】被告没有按照《行政处罚法》（2009 年修正）的上述条文规

定实施处罚，而是以不按要求签字，不在《行政处罚事先告知书》上写上"我放弃陈述、申辩"的字样就不能提车，胁迫原告放弃权利，其行为严重违反法律规定。

2.《A 市出租汽车管理条例》相关规定

【条文3】第十四条第四款　本市车辆未经批准不得用于出租汽车经营活动；非本市车辆不得用于起点和终点在本市行政区域内的出租汽车经营活动。

【适用】如果原告的行为确属营运，其行为就违反了该条的规定，被告适用该条认定原告违法就是符合法律规定的，但就本案原告搭载乘客行为的前因后果来看，行政机关适用本条本身缺乏客观事实，属适用法律错误。

【条文4】第四十九条　擅自从事出租汽车经营的，由市交通执法总队、区、县交通执法机构没收其非法所得，并处二千元以上五万元以下罚款。

有前款规定的违反行为的，市或者区、县交通行政管理部门可以将车辆扣押，并且出具扣押证明。

【适用】如果原告确有"非法营运"事实，被告发现后对车辆实施扣押，并对其"非法营运"行为实施行政处罚就符合上述法律规定的适用情形。但在本案中，无论是被告的扣车行为还是处罚行为，均没有合法的证据支撑。

## 项目四：争议焦点分析

本案的争议焦点：原告搭载乘客的行为是否属于"非法营运"，桥东区城市交通行政执法大队的行政处罚是否合法。

1. 关于"非法营运"的认定

我国现有法律中没有对"非法营运"这一概念作出明确解释和界定。由于我国在道路运输及出租车经营服务领域等均实行行政许可制度，即相对人只有获得了经营权，才可从事相应的活动，实施相应的行为，否则即构成"非法营运"。因此，所谓"非法营运"是指没有依法取得营运权而实施了营运行为。即未按规定领取有关主管部门核发的营运证件和超越核定范围进行经营。基于此，假定本案章子在搭载乘客时收了那10元钱，其行为能否被认定为"非法营运"呢？答案应当是否定的，因为"营运"包含有经营的含义，而经营是指以营利为目的从事的长期性、经常性活动，若不具备长期性、经常性的特征，不宜将该项活动理解为经营活动。在本案中，章子是好心搭载胃痛的人，即便存在收费问题，也是偶发性的民事行为而不是商业行为，不能认定为"经营活动"，更何况章子是助人为乐，绝对不能理解为是"经营活动"。章子不存在经营，何来"非法营运"。

2. 行政处罚行为证据是否充分

本案中，桥东区城市交通行政执法大队据以认定原告"无运营证擅自从事出租汽车经营"（非法营运）的证据——《A市桥东区城市交通行政执法大队调查处理通知书》《A市桥东区城市交通行政执法大队暂扣、扣押物品凭证》《询问笔录》《证人证言》等是通过欺诈、胁迫、暴力等违法方式取得的，依据2002年《最高人民法院关于行政诉讼证据若干问题的规定》（以下简称《行政诉讼证据若干问题的规定》）第五十七条规定的不能作为定案依据证据材料：（一）严重违反法定程序收集的证据材料；（三）以利诱、欺诈、胁迫、暴力等不正当手段获取的证据材料。第五十八条的规定："以违反法律禁止性规定或者侵犯他人合法权益的方法取得的证据，不能作为认定案件事实的依据。"据此，被告取得的证据不能作为认定原告从事"非法营运"的依据。

另外，依据《行政诉讼证据若干问题的规定》第七十一条规定的不能单独作为定案依据证据：（二）与一方当事人有亲属关系或者其他密切关系的证人所作的对该当事人有利的证言，或者与一方当事人有不利关系的证人所作的对该当事人不利的证言。本案中，由于该"乘客"是行政机关派来人员假扮，因此，其所作的对被告有利的证据不能作为认定原告"非法营运"的定案依据。

3. 行政处罚行为程序是否合法

根据《A市出租汽车管理条例》第四条第二款的规定，桥东区城市交通行政执法大队有权对从事"非法营运"的相对人实施行政处罚。但就本案而言，桥东区城市交通行政执法大队对章子作出行政处罚决定的程序违法。

首先，调查取证时违反了《行政处罚法》（2009年实施）第三十七条的规定，即行政机关在调查或者进行检查时，执法人员不得少于两人，并应当向当事人或者有关人员出示证件。这里的执法人员应当是有行政执法主体资格的人员，而本案只有一名执法人员出示了证件。

其次，实施处罚前违反了《行政处罚法》（2009年实施）第四十一条的规定："行政机关及其执法人员在作出行政处罚决定之前，不依照本法第三十一条、第三十二条的规定向当事人告知给予行政处罚的事实、理由和依据，或者拒绝听取当事人的陈述、申辩，行政处罚决定不能成立；当事人放弃陈述或者申辩权利的除外。"本案中，行政机关办案人员以"不按要求签字，不在《行政处罚事先告知书》上写上'我放弃陈述、申辩'的字样就不能提车"，胁迫原告放弃了陈述权和申辩权。

## 三、延伸思考

"钓鱼执法"的产生缘于"执法经济"的存在。罚款是行政管理领域最常见的一种行政处罚手段，其目的在于惩戒违法者并加大其违法成本。然而，本案的执法机关却将本来属于执法"手段"的行政罚款，变成了行政执法的主要"目的"，将制止违法的执法"目的"，偷换成为"牟利"的手段。这种以"钓钩"为诱饵，将违法行为作为渔利手段，以猎取"罚资"的行为，可谓是"始于作伪，终于无耻"。1996 年施行的《行政处罚法》第五十三条第二款明确规定："罚款、没收违法所得或者没收非法财物拍卖的款项，必须全部上缴国库，任何行政机关或者个人不得以任何形式截留、私分或者变相私分；财政部门不得以任何形式向作出行政处罚决定的行政机关返还罚款、没收的违法所得或者返还没收非法财物的拍卖款项。""行政执法中的'钓鱼'行为，往往是利用了人们的善良之心，以'道德'作为赌注进行的，如果说执法打击的是人们的法治之心的话，更是对社会道德釜底抽薪般。执法者的'钓鱼'，守法者固然是那条鱼，法律、道德也同样是那条鱼。"

法治政府的建立，不是一朝一夕的事，在建立法治政府的过程中，执法者的一举一动备受公众关注，也最有可能影响公众的法治观念。执法者严格、公正的执法行为，所树立起的不仅是执法者的权威和形象，更是法律的权威和形象。2004 年国务院印发《全面推进依法行政实施纲要》提出依法行政的基本要求，即"合法行政、合理行政、程序正当、高效便民、诚实守信、权责统一"；在"诚实守信"中提出："行政机关公布的信息应当全面、准确、真实"。2021 年 8 月 11 日，中共中央、国务院印发《法治政府建设实施纲要（2021—2025）年》提出"全面建设职能科学、权责法定、执法严明、公开公正、智能高效、廉洁诚信、人民满意的法治政府"。以上两个文件，在法治政府建设中都特别的强调了诚实守信的问题。政府是什么？政府是执法者，政府是法律的推行者。法治的实现需要政府不折不扣的贯彻实施法律。德国法学家耶林说："执行法律的人如变为扼杀法律的人，正如医生扼杀病人，监护人绞杀被监护人，乃是天下第一等罪恶。"比这种罪恶本身更为严重的是，它又会引导公民的错误行为。让他们蔑视法律而从事违法行为。为什么呢？因为"政府是一个感染力极强的以身示教的教师，不论教好教坏，它总是在以自己的楷模行为教育整个民族。"（美国学者道格拉斯·互克斯勒）因此，如果政府本身不断地触犯法律，法治国家建设就无从谈起。

# 案例 2　林楠炒货店诉 B 市 C 区市场
## 监督管理局行政处罚案[❶]

## 一、基本案情

2015 年 11 月 5 日，B 市 C 区市场监督管理局（以下简称 C 区市监局）接到消费者投诉举报，遂派两名具有行政执法资质的工作人员前往 C 区北林路 6 号的林楠炒货店进行现场检查。在现场，工作人员发现林楠炒货店店铺西侧墙上两处印有"林楠炒货店 B 市最优秀的炒货特色店铺""林楠 B 市最优秀的炒货店"内容的广告；店铺西侧柱子上有一块印着"B 市最优炒货店"字样的广告牌；店铺展示柜内放置有两块手写的商品介绍板，上面分别写了"中国最好最优品质荔枝干"和"2015 年新鲜出炉的中国最好最香最优品质燕山栗子"的内容，展示柜外侧的下部贴有一处广告，上面写有"本店的栗子，不仅是中国最好吃的，也是世界上最高端的栗子"；对外销售栗子所使用的包装袋上印有"B 市最好吃的栗子"和"B 市最特色炒货店铺"的内容。C 区市监局对上述广告内容进行拍照取证并制作了现场检查笔录，于当日立案。11 月 6 日，C 区市监局对林楠制作询问笔录。林楠陈述：店铺墙柱上的广告系其在打印店打印后自己张贴，时间约为 2015 年 11 月 2 日；展示柜内的商品介绍板是自己手写，展

---

❶ 本案据："杭州市西湖区人民法院（2016）浙 0106 行初 240 号杭州市西湖区方林富炒货店与杭州市西湖区市场监督管理局、杭州市市场监督管理局质量监督检验检疫行政管理：其他（质量监督）一审行政判决书"修改而成，http://wenshu.court.gov.cn/website/wenshu/181107ANFZ0BXSK4/index.html?docId=aa4389d1bd444c44a0e1a8f900a2a10b，中国裁判文书网，部分内容有所修改。

示柜外下部的广告是打印好后自己张贴；包装袋上的广告词是自己设计，托朋友印刷的。

2016 年 1 月 8 日，C 区市监局向林楠炒货店送达行政处罚听证告知书，告知拟作出行政处罚的内容、事实、理由和依据，及其享有的陈述、申辩、听证的权利。1 月 12 日，林楠炒货店提出听证申请。C 区市监局于 2 月 1 日组织听证后，于 3 月 22 日经集体讨论后作出行政处罚决定并送达林楠炒货店。此后，林楠炒货将炒货包装袋和店铺中涉及"最"字的广告均用墨笔改成"真"字，但"最"字仍可看出。

C 区市场监督管理局认为，林楠炒货店在其经营场所内外及包装袋上发布广告，并使用"最好""最优""最香""最特色""最高端"等绝对化宣传用语，违反了《中华人民共和国广告法》（2015 年修订，简称《广告法》）第九条第（三）项规定，根据《广告法》第五十七条第（一）项、《B 市规范行政处罚自由裁量权的规定》第九条的规定，经集体研究决定：责令林楠炒货店停止发布使用绝对化用语的广告，并处罚款 20 万元，上缴国库。

林楠炒货店不服，提起行政诉讼，请求法院撤销 C 区市场监督管理局对其作出的行政处罚决定。

## 二、案例研习

### 项目一：法律关系分析

1. 案件性质

本案属于行政处罚案，是因罚款这一行政处罚行为而引发的行政诉讼纠纷。

2.案件法律关系主体

C区市场监督管理局是本案中的行政主体，林楠炒货店是本案中的行政相对人。

C区市场监督管理局是B市C区政府专门承担市场监督管理的行政执法机构，属于县级市场监督管理执法机构。

《广告法》（2015年实施）第六条第二款规定："县级以上地方工商行政管理部门主管本行政区域的广告监督管理工作，县级以上地方人民政府有关部门在各自的职责范围内负责广告管理相关工作。"

2018年3月13日，在第十三届全国人民代表大会第一次会议审议的国务院机构改革方案的议案，组建国家市场监督管理总局。将国家工商行政管理总局的职责、国家质量监督检验检疫总局的职责、国家食品药品监督管理总局的职责、国家发展和改革委员会的价格监督检查与反垄断执法职责、商务部的经营者集中反垄断执法以及国务院反垄断委员会办公室等职责整合，组建国家市场监督管理总局，作为国务院直属机构。各地方政府也相应成立了市场监督管理局。因此，《广告法》规定的原属于地方工商行政管理部门的监督管理职责并入了市场监督管理局。本案案发时，所在省市场监督管理局已组建完成，由此区市场监督管理局拥有《广告法》所规定的区工商行政管理部门的监督管理职责。

## 项目二：证据材料分析

1.被告提供证据的分析

根据《行政诉讼法》第三十四条的规定，被告C区市场监督管理局在行政诉讼中负有证明被诉行政处罚行为合法的举证责任。C区市场监督管理局在本案中制作并向法院提交了以下证据：

（1）案件来源登记表、立案审批表。两份证据均属书证。其中，案件来源登记表证明案件来源（消费者投诉）；立案审批表证明立案情况。被告提供这两份证据的目的是证明被告行政执法行为程序的合法性。

（2）执法证。该证据是书证。被告提供该证据的目的是表明被告执法人员有执法主体资格，以证明被告实施处罚行为的合法性。

（3）现场检查笔录、照片制作提取单（现场照片6张）、包装袋照片。三份证据均属书证。其中，现场检查笔录证明对林楠炒货店店铺及周围现场检查记录情况；照片制作提取单（现场照片6张）和包装袋照片3张证明林楠炒货店涉嫌广告违法的具体情况。被告提供该三份证据的目的是证明原告违反《广告法》的违法事实客观存在。

（4）原告询问笔录。属于当事人陈述，证明对原告的调查情况及原告的具体违法情况。被告提供该证据的目的是证明原告违法事实的客观存在，同时可以与现场检查笔录、现场照片及包装袋照片等证据相互印证。

（5）听证告知书、听证申请书、听证记录、听证报告。四份证据均属书证。其中，听证告知书，证明被告严格按照法律规定的程序向原告告知了拟作出行政处罚的内容、事实、理由和依据，及其享有的陈述、申辩、听证的权利；听证申请书，证明原告在法定期限内提出了听证申请；听证记录，证明被告严格按照法律要求实施听证，并对听证的具体环节作全程记录；听证报告，证明被告按照内部程序要求对实施听证的情况向领导报告。被告提供这四份证据的目的是证明被告实施听证的合法性，即其处罚程序的合法性。

（6）行政处罚审批表、案件审核表。该证据属于书证，证明被告实施处罚的内部程序合法，被告提供的目的是证明其行政处罚行为合法。

（7）行政处罚决定书。该证据属于书证，证明被告按照法定方式实施处罚，被告提供的目的是证明其行政处罚行为符合法定程序要求。

*2.原告提供证据的分析*

原告对被诉行政行为的合法性不负举证责任，但是需要对特定事项进行举证。与此同时，原告有权提供证据证明被诉行政行为的违法性，但原告提供的证据不成立并不能免除被告的举证责任。本案原告向法院提交了三份证据，即被告的行政处罚决定书及原告的店铺照片和炒货包装袋。这三份证据均属书证，其中原告提供行政处罚决定书是要证明被告 C 区市监局对其作出行政处罚决定客观事实的存在；提供炒货包装袋和店铺照片是要证明原告在收到行政处罚决定书后立即停止发布违法广告并消除影响的事实。但原告只是用黑笔在"最"字上改成"真"字，"最"字仍然可以看见。

# 项目三：法律适用分析

本案涉及法律规范包括：《行政处罚法》（2009 年 8 月 27 日实施，已被修改）、《广告法》（2015 年修订）。

*1.《行政处罚法》相关规定*

【条文1】第三十七条第一款　行政机关在调查或者进行检查时，执法人员不得少于两人，并应当向当事人或者有关人员出示证件。当事人或者有关人员应当如实回答询问，并协助调查或者检查，不得阻挠。询问或者检查应当制作笔录。

【适用】被告在接到投诉后，即刻派两名有执法主体资格的人员到林楠炒货店实施检查，执法人员主动出示证件，并依法制作了现场检查笔录，符合该款对调查程序的要求。

【条文 2】第三十一条 行政机关在作出行政处罚决定之前，应当告知当事人作出行政处罚决定的事实、理由及依据，并告知当事人依法享有的权利。

【条文 3】第四十二条 行政机关作出责令停产停业、吊销许可证或者执照、较大数额罚款等行政处罚决定之前，应当告知当事人有要求举行听证的权利；当事人要求听证的，行政机关应当组织听证。当事人不承担行政机关组织听证的费用。听证依照以下程序组织：

（一）当事人要求听证的，应当在行政机关告知后三日内提出；

（二）行政机关应当在听证的七日前，通知当事人举行听证的时间、地点；

（三）除涉及国家秘密、商业秘密或者个人隐私外，听证公开举行；

（四）听证由行政机关指定的非本案调查人员主持；当事人认为主持人与本案有直接利害关系的，有权申请回避；

（五）当事人可以亲自参加听证，也可以委托一至二人代理；

（六）举行听证时，调查人员提出当事人违法的事实、证据和行政处罚建议；当事人进行申辩和质证；

（七）听证应当制作笔录；笔录应当交当事人审核无误后签字或者盖章。

当事人对限制人身自由的行政处罚有异议的，依照治安管理处罚法有关规定执行。

【适用】被告在调查取证及内部审核程序结束后，依法向原告（1 月 8

日）送达了《行政处罚听证告知书》，告知其拟作出行政处罚的内容、事实、理由和依据，及其享有的陈述、申辩、听证的权利。原告在法定期间（1月12日）内提出听证申请，被告在法定时间内（2月1日）依法组织了听证，并制作了听证记录，符合听证的程序要求。

【条文4】第四条第二款 设定和实施行政处罚必须以事实为依据，与违法行为的事实、性质、情节以及社会危害程度相当。

【条文5】第二十七条第一款 当事人有下列情形之一的，应当依法从轻或者减轻行政处罚：

（一）主动消除或者减轻违法行为危害后果的；

（二）受他人胁迫有违法行为的；

（三）配合行政机关查处违法行为有立功表现的；

（四）其他依法从轻或者减轻行政处罚的。

【适用】第四条第二款是"过罚相当"原则的规定，是行政处罚公正原则的具体体现。第二十七条第一款是"过罚相当"原则的具体体现，其中"从轻处罚"是指在最低限以上适用较低的处罚，"减轻处罚"是指在最低限以下处罚。本案被告在适用法律对原告实施处罚时没有选择适用以上条款。

2.《广告法》相关规定

【条文6】第九条 广告不得有下列情形的，……（三）使用"国家级""最高级""最佳"等用语；

【适用】林楠炒货店在其店铺内外及炒货包装袋上，均使用了"最好吃的""最优秀的""最高端的"等广告用语，被告认定原告的广告行为违反了《广告法》第九条的规定，属于认定事实清楚。

【条文7】第五十七条　有下列行为之一的，由工商行政管理部门责令停止发布广告，对广告主处二十万元以上一百万元以下的罚款，情节严重的，并可以吊销营业执照，由广告审查机关撤销广告审查批准文件、一年内不受理其广告审查申请；对广告经营者、广告发布者，由工商行政管理部门没收广告费用，处二十万元以上一百万元以下的罚款，情节严重的，并可以吊销营业执照、吊销广告发布登记证件：（一）发布有本法第九条、第十条规定的禁止情形的广告的。

【适用】被告选择适用《广告法》第五十七条的规定，作为处罚依据并无不当。《行政处罚法》在处罚领域具有总则地位，其确立了处罚公正原则，即处罚要体现"过罚相当"，但《行政处罚法》第三条同时确立了处罚法定原则。也就是说，被告选择适用法律规范必须符合法律规定。

## 项目四：争议焦点分析

本案的争议焦点为 C 区市监局的行政处罚是否合法、适当。

1. 处罚行为适用法律是否正确。《行政处罚法》全面规范了我国的行政处罚制度，是目前我国行政处罚程序制度的基准性法律。但在认定行政相对人实体违法且适用法律时，还是要适用单行法就某一行政管理领域的具体规定。也就是说，行政机关在具体执法过程中，必须同时遵守专业领域的实体法以及统一程序法的规定。结合本案，被告依据《广告法》第九条的相关规定认定当事人有广告违法行为并适用《广告法》第五十七条的规定实施处罚并无不当。广告法第五十七条对发布有本法第九条、第十条规定的禁止情形的广告的违法行为分别规定了一般情形和情节严重情形，但《广告法》却未有对从轻、减轻或者不予处罚等情形作出明确的规定，在此情况下，C区市监局根据该规定将林楠炒货店案涉广告违法行为确定为一般情形，并在广告法规定的"处二十万元以上一百万元以下"的处罚幅度内将罚款数额裁量为最低限二十万元。这表明该局在适用《广告法》的同时，实质上适用了《行政处罚法》关于从轻处罚的规定。因此，本案被告对原告实施法定罚幅度内最低的处罚即二十万元罚款，适用法律没有问题。

2. 罚款二十万元是否适当。根据《行政处罚法》第四条第二款的规定，设定和实施行政处罚必须以事实为依据，与违法行为的事实、性质、情节以及社会危害程度相当。结合本案实际，二十万元的罚款的确过重，但导致这一后果的发生，严格来说不是被告的问题，而是立法上的不足，是欠缺裁量基准所导致的。由于《广告法》没有减轻条款，虽说可以根据《行政处罚法》中关于从轻、减轻处罚的一般规则进行判断，但就《行政处罚法》的规定来看，只有第二十七条第一款规定了从轻减轻的具体情形："当事人有下列情形之一的，应当依法从轻或者减轻行政处罚：（一）主动消除或者减轻违法行为危害后果的；（二）受他人胁迫有违法行为的；（三）配合行政机关查处违法行为有立功表现的；（四）其他依法从轻或者减轻行政处罚的。"由于本案没有任何在案证据可以证明林楠炒货店具有前三种情形，那么可以适用于本案的只可能是第四项"其他依法从轻或者减轻行政处罚的"。问题是这项规定并没有赋予被告对"其他从轻或减轻处罚的情形"有认定的权力，并且《行政处罚法》第三条也规定了："公民、法人或者其他组织违反行政管理秩序的行为，应当给予行政处罚的，依照本法由法律、法规或者规章规定，并由行政机关依照本法规定的程序实施。没有法定依据或者不遵守法定程序的，行政处罚无效。"

即处罚法定原则（法无明文规定不得罚）。处罚法定原则，不仅强调了一个行为是否违法，应当给予怎样的处罚，需要有法律具体明确的规定；同时一个违法行为是否加重或减轻处罚，也需要有法律具体明确的规定。因此，在没有明确法律规定的情况下，基于本案原告的违法情节及危害后果，被告只能依据《广告法》第五十七条的规定，在法定罚幅度内选择了最低的二十万元罚款的处罚。如果被告低于二十万元处罚，不仅没有法律依据，同时也是突破了法定幅度。这时行政处罚就不再是是否适当的问题，而是是否合法的问题了。

## 三、延伸思考

本案最终法院以行政处罚明显不当为由，判决变更罚款 20 万元为 10 万元。

1. 侧面揭示在规制执法自由裁量权的立法方面问题突出

本案情节并不复杂，事实清楚、证据确凿，定性及适用法律也不存在难题，却在罚款的裁量上遇到了不可逾越的障碍。其根源在于 1995 年实施的《广告法》修订后，针对使用绝对化用语的广告在加大了惩罚力度的同时，1995 年的《广告法》第三十九条规定：没收广告费用，并处广告费用一倍以上五倍以下的罚款。《广告法》（2015 年修订）第五十七条规定：没收广告费用，处二十万元以上一百万元以下的罚款，情节严重的，并可以吊销营业执照、吊销广告发布登记证件，虽然规定有明确的处罚幅度，却没有从轻、减轻的条款，与此同时，相关主体也没有制定与此相关的裁量基准，从而使得行政执法机关深陷其中难以自拔，执法变得异常困难。本案原告于 2016 年 1 月 12 日提出听证申请，C 区市监局于 2 月 1 日组织听证，后于 3 月 22 日，经过近 50 天后才作出行政处罚决定。原告复议后，复议机关自 3 月 29 日受理后，更是经过了中止、延期，直到 8 月 10 日，经过 4 个多月的时间才作出维持原处罚决定的行政复议决定。

执法自由裁量权本是基于社会的复杂性、多变性及行政管理的灵活性考虑而由法律、法规、规章授予行政机关的一种执法选择权，使其能够具体问题具体分析，做到因事制宜因地制宜，最大限度地实现公平正义之法律目的。然而，由于权力的腐蚀性、扩张性之本质，对执法自由裁量权的规制也就显得尤为重要。否则，既有可能损害相对人的合法权益，也有可能出现类似本案中置执法机关于尴尬的境地。党的十八届三中全会指出，推进法治中国建设，深化行政执法体制改革，其中特别强调了完善行政执法程序，规范执法自由裁量权的问题。党的十八届四中全会更进一步指出，实现科学立法、严格执法、公正司法、全民守法，促进国家治理体系和治理能力现代化。科学立法是严格执法和公正司法的基础、前提，没有科学有效的立法，严格执法、司法公正也就失去了支撑，亦如本案一样，无论是执法机关还是司法机关在立法缺失裁量基准的情况下，其最终的决定及判决都难以令人信服。

2. 法院以明显不当为由作出变更判决不妥

本案法院在判决分析 20 万元罚款明显不当时指出，是由被告适用法律错误导致的。即被告只适用了《广告法》的相关条款，而没有选择适用《行政处罚法》中的从轻、减轻条款，没有很好地体现《行政处罚法》规定的"过罚相当"原则。

根据《行政诉讼法》2015 年实施第六条的规定：人民法院审理行政案件，对行政行为是否合法进行审查。根据《行政诉讼法》第七十条及第七十七条的规定，对于行政处罚案件，法院的判决主要有两种：其一，判决撤销或者部分撤销，并可以判决被告重新作出行政行为。适用的情形主要包括：（1）主要证据不足的；（2）适用法律、法规错误的；（3）违反法定程序的；（4）超越职权的；（5）滥用职权的；（6）明显不当的。其二，行政处罚明显不当，或者其他行政行为涉及对款额的确定、认定确有错误的，人民法院可以判决变更。由此可见，法院直接判决变更行政处罚的应当是处罚行为本身合法，但裁量幅度不当的案件。也就是说，行政处罚案件如果被告适法错误，法院应作撤销判决而不应作变更判决，因为适法错误在性质上属于行政违法，而不是行政不当。法治原则决定了对执法行为是否合理的审查判断，一定是建立在执法行为本身合法的基础之上。本案法院已然认定被告适用法律、法规错误，根据案情应判决撤销被告的行政处罚决定，并责令被告重新作出行政行为，而不宜直接判决变更被告的行政处罚决定。

# 案例 3　吕辉诉 H 市交通运输局道路管理处行政处罚案 [1]

## 一、基本案情

2017 年 10 月 5 日 11 时 38 分，吕辉通过滴滴网络预约车平台接单，驾驶宝骏轿车，由和平小区接一名乘客到光明饭店时，在山南路被 H 市交通运输局道路运输管理处的执法人员检查，发现其没有取得《网络预约出租汽车运输证》和《网络预约出租汽车驾驶员证》。经执法人员调查询问，吕辉认可了通过滴滴网络预约车平台接单进行营运的事实，本次通过滴滴网络约车平台结算运费 6 元。之前，通过滴滴网上预约车平台已成功接单 550 单。依据上述事实，H 市交通运输局道路运输管理处的执法人员依据《S 省道路运输条例》的相关规定向吕辉出示了暂扣凭证，对其车辆进行了暂扣。执法人员制作了现场检查笔录（事后打印），并于当日立案。2017 年 10 月 9 日，H 市交通运输局道路运输管理处向吕辉送达了违法行为通知书，告知其享有陈述、申辩和听证的权利，吕辉表示"自愿放弃陈述、申辩，请现在就作出处罚决定"。在此情况下，H 市交通运输局道路运输管理处于当日经集体讨论后作出行政处罚决定，依据《网络预约出租汽车经营服务管理暂行办法》第三十四条第一项规定，决定对吕辉处

---

[1] 本案参考山东省菏泽市牡丹区人民法院（2017）鲁 1702 行初 68 号吕兆蒙与菏泽市交通运输局道路运输管理处公安行政管理：道路交通管理（道路）一审行政判决决书编写，http://wenshu.court.gov.cn/website/wenshu/181107ANFZ0BXSK4/index.html?docId=c1c2f40cd671427fb166a9bb00b1d4ef，中国裁判文书网，内容有所修改。

以 10000 元罚款。吕辉于当日缴纳了罚款，要回了被扣车辆。

吕辉对处罚不服，提起行政诉讼，请求法院撤销 H 市交通运输局道路运输管理处对其作出的行政处罚决定。

## 二、案例研习

### 项目一：法律关系分析

1. 案件性质

此案属于行政处罚法案，具体而言，是因行政罚款引发的行政诉讼案件。

2. 案件法律关系主体

H 市交通运输局道路运输管理处是本案中的行政主体，吕辉是本案中的行政相对人。

《网络预约出租汽车经营服务管理暂行办法》第四条第三款规定："直辖市、设区的市级或者县级交通运输主管部门或人民政府指定的其他出租汽车行政主管部门（以下称出租汽车行政主管部门）在本级人民政府领导下，负责具体实施网约车管理。"《S 省道路运输条例》第六条规定："县级以上人民政府交通运输行政主管部门负责组织领导本行政区域内的道路运输管理工作；其所属的道路运输管理机构、交通运输监察机构按照规定的职责具体实施道路运输管理工作。"根据以上规定，H 市交通运输局道路运输管理处负有实施道路运输管理和对网约车管理的法定职责，是该案的行政主体。

# 项目二：证据材料分析

## 1. 被告提供证据的分析

根据《行政诉讼法》的规定，被告 H 市交通局运输管理处在行政诉讼中负有证明被诉行政处罚行为合法的举证责任。

（1）立案审批表。立案审批表属于书证，证明被告立案情况，被告提供该份证据的目的是证明被告行政执法行为程序的合法性。

（2）现场检查笔录。该证据属于属于书证，证明现场检查记录情况，被告提供该份证据的目的是证明当事人违法事实的客观存在，同时与执法现场录像相互印证。

（3）原告询问笔录。该证据属于属于当事人陈述，证明对原告的调查情况及原告的违法情况，被告提供该份证据的目的是证明当事人违法事实的客观存在，同时可以与现场检查笔录和执法现场录像相互印证。

（4）责令改正通知书。该份证据属于书证，证明被告依照《网络预约出租汽车经营服务管理暂行办法》第三十四条第一项的规定，在发现吕辉擅自实施网约车经营活动时及时制止，被告提供该份证据的目的是证明被告行政执法行为适用法律正确。

（5）行政强制措施（补办）审批表、行政强制措施决定书、解除行政强制措施决定书。三份证据均属书证，其中审批表证明被告实施扣车行为经过了机关同意；行政强制措施决定书和解除行政强制措施决定书，证明被告对原告实施强制及解除强制的具体情况。被告提供该三份证据的目的是证明被告对原告实施扣车行为的程序合法。

（6）违法行为通知书、违法行为通知书送达回证、陈述申辩书。三份证据均属书证。其中，违法行为告知书及送达回证证明被告实施了告知原告其拟作出的行政处罚内容和原告享有的陈述、申辩和听证的权利；陈述申辩书证明当事人对行政机关拟予以处罚的陈述申辩的详细情况。被告提供这三份证据的目的在于证明被告实施行政处罚程序的合法性，特别是证明当事人当场放弃听证权，行政机关在同一天送达《违法行为通知书》和《交通行政处罚决定书》的合法性。

（7）重大案件集体讨论记录、交通行政处罚决定书。两份证据均属书证，其中，被告提供重大案件集体讨论记录是要证明其实施处罚的内部程序符合《行政处罚法》的规定，即对情节复杂或重大违法行为给予较重的行政处罚，行政机关的负责人应当集体讨论决定；被告提供交通行政处罚决定书是要证明其按照法定方式实施处罚。被告提供上述证据的目的在于证明行政处罚行为程序合法。

（8）执法现场录像。该证据属于视听资料，被告提供该份证据的目的是证明当事人违法事实的客观存在，同时可以与现场检查笔录、原告询问笔录相互印证。

2. 原告提供证据的分析

原告对被诉行政行为的合法性不负有举证责任，但是需要对特定事项进行举证。与此同时，原告有权提供证据证明被诉行政行为的违法性，但原告提供的证据不成立不能免除被告的举证责任。本案原告向法院提供了三份证据，即驾驶证、行驶证；违法行为通知书；山东省非税收入通用票据。三份证据均属书证，用以证明：原告具有合法的驾驶和车辆行驶资格，还证明被告给原告下达了处罚10000元的违法行为通知书，且被告违法收取了原告 10000 元。

# 项目三：法律适用分析

本案涉及法律规范包括：《行政处罚法》（2009 年 8 月 27 日实施，已被修改）、《S 省道路运输条例》（2017 年 7 月 24 日实施，已被修改）、《网络预约出租汽车经营服务管理暂行办法》（2016 年 11 月 1 日实施，已被修改）。

1.《行政处罚法》相关规定

【条文 1】第三十七条第一款　行政机关在调查或者进行检查时，执法人员不得少于两人，并应当向当事人或者有关人员出示证件。当事人或者有关人员应当如实回答询问，并协助调查或者检查，不得阻挠。询问或者检查应当制作笔录。

【适用】被告的执法人员发现吕辉涉嫌网约车违法经营实施检查时主动出示了《行政执法证》，并依法制作了现场检查笔录，符合该款对调查程序的要求。

【条文 2】第三十一条　行政机关在作出行政处罚决定之前，应当告知当事人作出行政处罚决定的事实、理由及依据，并告知当事人依法享有的权利。

【条文 3】第四十二条　行政机关作出责令停产停业、吊销许可证或者执照、较大数额罚款等行政处罚决定之前，应当告知当事人有要求举行听证的权利；当事人要求听证的，行政机关应当组织听证。当事人不承担行政机关组织听证的费用。听证依照以下程序组织：

（一）当事人要求听证的，应当在行政机关告知后三日内提出；

（二）行政机关应当在听证的七日前，通知当事人举行听证的时间、地点；

（三）除涉及国家秘密、商业秘密或者个人隐私外，听证公开举行；

（四）听证由行政机关指定的非本案调查人员主持；当事人认为主持人与本案有直接利害关系的，有权申请回避；

（五）当事人可以亲自参加听证，也可以委托一至二人代理；

（六）举行听证时，调查人员提出当事人违法的事实、证据和行政处罚建议；当事人进行申辩和质证；

（七）听证应当制作笔录；笔录应当交当事人审核无误后签字或者盖章。

【条文4】第四十一条 行政机关及其执法人员在作出行政处罚决定之前，不依照本法第三十一条、第三十二条的规定向当事人告知给予行政处罚的事实、理由和依据，或者拒绝听取当事人的陈述、申辩，行政处罚决定不能成立；当事人放弃陈述或者申辩权利的除外。

【适用】被告在调查取证及内部审核程序结束后，依法向原告送达了《违法行为通知书》，告知其拟作出行政处罚的事实、理由和依据，及其享有的陈述、申辩、听证的权利。由于原告当场表示"自愿放弃陈述、申辩，请现在就作出处罚决定"，被告没有举行听证并于当日经集体讨论后作出行政处罚决定，不违反法律禁止性的规定。

2.《S省道路运输条例》相关规定

【条文5】第六十二条 道路运输管理机构或者交通运输监察机构在实施道路运输监督检查中，对无车辆营运证从事道路运输经营、机动车驾驶员培训，又无法当场提供其他有效证明的车辆，可以予以暂扣，并出具暂扣手续，告知当事人在规定的期限内到指定地点接受处理。对暂扣车辆应当妥善保管，不得使用，不得收取或者变相收取保管费用。

【适用】吕辉不能提供《网络预约出租汽车运输证》而从事网约车运营，被告依本规定扣车行为合法。

3.《网络预约出租汽车经营服务管理暂行办法》相关规定

【条文6】第十二条　拟从事网约车经营的车辆，应当符合以下条件：

（一）7座及以下乘用车；

（二）安装具有行驶记录功能的车辆卫星定位装置、应急报警装置；

（三）车辆技术性能符合运营安全相关标准要求。

车辆的具体标准和营运要求，由相应的出租汽车行政主管部门，按照高品质服务、差异化经营的发展原则，结合本地实际情况确定。

【条文7】第十三条第一款　服务所在地出租汽车行政主管部门依车辆所有人或者网约车平台公司申请，按第十二条规定的条件审核后，对符合条件并登记为预约出租客运的车辆，发放《网络预约出租汽车运输证》。

【适用】吕辉在没有取得《网络预约出租汽车运输证》的情况下，私自接通网约车平台接单，接送顾客、收取费用，进行营运，被告认定原告违法事实清楚。

【条文8】第十四条　从事网约车服务的驾驶员，应当符合以下条件：

（一）取得相应准驾车型机动车驾驶证并具有3年以上驾驶经历；

（二）无交通肇事犯罪、危险驾驶犯罪记录，无吸毒记录，无饮酒后驾驶记录，最近连续3个记分周期内没有记满12分记录；

（三）无暴力犯罪记录；

（四）城市人民政府规定的其他条件。

【条文 9】第十五条　服务所在地设区的市级出租汽车行政主管部门依驾驶员或者网约车平台公司申请，按第十四条规定的条件核查并按规定考核后，为符合条件且考核合格的驾驶员，发放《网络预约出租汽车驾驶员证》。

【适用】吕辉在没有取得《网络预约出租汽车驾驶员证》的情况下，私自接通网约车平台接单，接送顾客、收取费用，进行营运，被告认定原告违法事实清楚。

【条文 10】第三十四条第一项　违反本规定，有下列行为之一的，由县级以上出租汽车行政主管部门责令改正，予以警告，并处以 10000 元以上 30000 元以下罚款；构成犯罪的，依法追究刑事责任：

（一）未取得经营许可，擅自从事或者变相从事网约车经营活动的。

【适用】吕辉在没有取得《网络预约出租汽车运输证》和《网络预约出租汽车驾驶员证》的情况下，私自接通网约车平台接单，接送顾客、收取费用，进行营运，其行为构成未取得经营许可，擅自从事网约车经营活动，被告适用该条款对其实施罚款 10000 元的行政处罚合法。

## 项目四：争议焦点分析

本案的争议焦点为 H 市交通管理局运输管理处的行政处罚是否合法、适当。

1. 处罚行为程序是否合法

本案关于程序是否合法，当事人双方的争议点主要体现在两个方面：第一，关于现场笔录取证程序是否合法。现场笔录是行政执法人员对案发现场客观情况的一个记录，通常应当载明时间、地点和事件等内容，并由执法人员和当事人签名。当事人拒绝签名或者不能签名的，应当注明原因。有其他人在现场的，可由其他人签名。本案现场笔录虽是事后打印交由当事人签字，但该现场检查笔录是由执法人员在现场填写完成的。根据S省交通厅的要求，本省道路交通运输违法案件必须使用全省统一的交通行政处罚软件系统，因执法人员的车辆不具备车载执法设备现场打印的条件，因此，出现事后打印交由当事人签字的情况发生，但这不影响该现场笔录真实反映现场情况的效果。这可以从被告提供的执法现场录像、有原告签字的询问笔录和陈述申辩书等证据材料相互印证。第二，被告同一天向原告送达《违法行为通知书》和《行政处罚决定书》，程序是否合法。根据《行政处罚法》第四十一条的规定："行政机关及其执法人员在作出行政处罚决定之前，不依照本法第三十一条、第三十二条的规定向当事人告知给予行政处罚的事实、理由和依据，或者拒绝听取当事人的陈述、申辩，行政处罚决定不能成立；当事人放弃陈述或者申辩权利的除外。"（第三十一条 行政机关在作出行政处罚决定之前，应当告知当事人作出行政处罚决定的事实、理由及依据，并告知当事人依法享有的权利。第三十二条 当事人有权进行陈述和申辩。行政机关必须充分听取当事人的意见，对当事人提出的事实、理由和证据，应当进行复核；当事人提出的事实、理由或者证据成立的，行政机关应当采纳。行政机关不得因当事人申辩而加重处罚。）通常情况下，行政机关不能将《违法行为通知书》和《行政处罚决定书》在同一天送达当事人，否则构成行为程序违法，行政处罚决定不能成立。结合本案，2017年10月9日，H市交通运输局道路运输管理处向吕辉送达了《违法行为通知书》，告知其享有陈述、申辩和听证的权利，吕辉在《陈述申辩书》中承认违法事实，表示"自愿放弃陈述、申辩，请现在就作出处罚决定"。在此情况下，H市交通运输局道路运输管理处于当日经集体讨论后作出《行政处罚决定书》并送达当事人。由此可见，H市交通运输局道路运输管理处同日送达违法行为通知书和行政处罚决定，并不违反法律的禁止性规定。

2. 行政处罚适用法律是否适当

本案被告是以原告未取得经营许可，擅自从事或者变相从事网约车经营活动为由，适用《网络预约出租汽车经营服务管理暂行办法》第三十四条第（一）项之规定决定予以10000元行政处罚。从本案被告掌握的证据材料来看，本案原告吕辉在未取得《网络预约出租汽车运输证》和《网络预约出租汽车驾驶员证》的情况下，从事网约车经营行为，的确违反了《网络预约出租汽车经营服务管理暂行办法》第三十四条第（一）项的规定，被告适用该法的规定看似没有什么不妥。但从《网络预约出租汽车经营服务管理暂行办法》的相关规定来看，我们国家对网络预约出租汽车经营服务领域实行许可证制度，当事人只有依法取得相应的证照才可从事相关活动。也就是说，网约车经营许可是依申请的行政行为，公民必须主动向有相关职能的行政主体提出申请，而申请提出的前提是相关行政主体已经开展受理、审查、发放经营许可的相关管理工作。然而，本案被告作出行政处罚时，《H市网络预约出租汽车经营服务管理实施细则》尚未制订，与此同时，H市相关部门也尚未开展接受申请发放网约车经营许可的相关管理工作。那么，原告吕辉在H市实施细则实施之前并无法定渠道获取规定的证照，却要承担未经许可擅自经营的法律责任明显有不妥。

## 三、延伸思考

本案最终法院作出判决撤销行政处罚。本案有两点应当引起地方政府及其职能部门的重视：

1. 地方政府立法要积极作为，做到守土有责

梳理一下国家关于网约车管理的相关法律及政策规定，我们可以看到：国务院办公厅于 2016 年 7 月 26 日印发的《关于深化改革推进出租汽车行业健康发展的指导意见》（以下简称《指导意见》），规定了坚持乘客为本、坚持改革创新、坚持统筹兼顾、坚持依法规范、坚持属地管理五项基本原则。"坚持属地管理"指出，城市人民政府是出租汽车管理的责任主体，要充分发挥自主权和创造性，探索符合本地出租汽车行业发展实际的管理模式。交通运输部等七个部门 2016 年 7 月 27 日联合公布的《网络预约出租汽车经营服务管理暂行办法》（以下简称《管理办法》），其第四条规定，各省、自治区人民政府交通运输主管部门在本级人民政府领导下，负责指导本行政区域内网约车管理工作。直辖市、设区的市级或者县级交通运输主管部门或人民政府指定的其他出租汽车行政主管部门在本级人民政府领导下，负责具体实施网约车管理。第四十条规定，暂行办法自 2016 年 11 月 1 日实施。各地可根据本办法结合本地实际制定具体实施细则。为了做好《指导意见》和《管理办法》的贯彻落实工作，交通运输部于 2016 年 7 月 27 日向各省、自治区、直辖市、新疆生产建设兵团交通运输厅（局、委）印发《交通运输部关于贯彻落实〈国务院办公厅关于深化改革推进出租汽车行业健康发展的指导意见〉的通知》，该通知特别强调了"城市人民政府是出租汽车管理责任主体……各城市要切实承担主体责任，守土有责，在本通知下发之日起 3 个月内，完成实施细则的制定

工作"。

由此可见，国家在规范网约车发展方面，赋予了地方充分的自主权和政策空间，与此同时，对地方城市政府的立法给出了时间表。可 H 市政府直到 2017 年 11 月 22 日才印发《H 市网络预约出租汽车经营服务管理实施细则》（自 2017 年 12 月 1 日起实施，有效期 3 年），是在《网络预约出租汽车经营服务管理暂行办法》实施一年以后。这就导致该地在《网络预约出租汽车经营服务管理暂行办法》生效后，在网络预约车管理方面出现立法空白，进而使得当地的交通运输管理部门不能及时开展网络预约车经营许可的申请、审查、发放的管理工作。这也是导致该案最终被法院判决撤销的根本所在。通过以上分析可以说，H 市政府在网络预约出租车管理方面没有很好地担负起责任主体所应承担的责任。

2021 年 8 月 11 日，中共中央、国务院印发《法治政府建设实施纲要（2021－2025 年）》，在谈到"健全依法行政制度体系，加快推进政府治理规范化程序化法治化"时，特别指出要"坚持科学立法、民主立法、依法立法，着力实现政府立法质量和效率并重并进，增强针对性、及时性、系统性、可操作性，努力使政府治理各方面制度更加健全、更加完善"。作为地方政府应积极履行法定职责，切实担负起行政立法职责，以良法保障善治，做到守土有责。

**2. 行政机关在行政处罚执法中要审慎对待当事人放弃听证权案件的处置**

本案被告同一天向原告送达《违法行为通知书》和《行政处罚决定书》的行为虽然不违反法律禁止性的规定，但在执法实践中不应提倡，特别是涉及听证权的案件。根据《行政处罚法》第四十二条的规定，涉及听证的案件，通常对当事人权益影响比较大，即便在当事人提出放弃权利的情况下，行政机关也应当提醒当事人慎重并给予其一定的思考时间，审慎的而不是在同一时间段急于作出行政处罚决定。实践中，很多当事人就像本案原告一样，之所以放弃权利：一是不懂法不知道听证制度的目的所在；二是急于达成某种目的，就像本案原告急于要回被扣车辆。越是这样，作为执法机关越应提醒当事人，即便在当事人坚持放弃权利的情况下，也应给当事人一定的冷静思考时间，同时也是给自己反思的时间。这样，在不影响行政效率的情况下（当事人要求听证的，应当在行政机关告知后三日内提出），既有利于相对人权益的保护，更有利于行政处罚决定合法、公正的作出。因为当事人基于行政机关认定的事实、理由和证据的陈述申辩，更加有利于行政机关补强证据，更加有利于行政机关准确的认定事实，恰当的作出处罚决定。正如古人所云："兼听则明，偏听则暗。"

# 案例4　华府房地产公司诉 L 市发展 和改革委员会行政处罚案<sup>●</sup>

## 一、基本案情

2017 年 11 月 16 日，L 市发展和改革委员会对华府房地产公司商品房销售价格进行检查，发现华府房地产公司在地产销售中心没有对房地产销售明码标价情况进行公示，没有在醒目位置悬挂房屋销售价格公示板，该行为违反了国家发展改革委员会关于《商品房销售明码标价规定》的通知第八条："商品房销售明码标价实行一套一标。商品房经营者应当对每套商品房进行明码标价。按照建筑面积或者套内建筑面积计价的，还应当标识建筑面积单价或者套内建筑面积单价"的规定和《中华人民共和国价格法》（以下简称《价格法》）第十三条："经营者销售、收购商品和提供服务，应当按照政府价格主管部门的规定明码标价，注明商品的品名、产地、规格、等级、计价单位、价格或者服务的项目、收费标准等有关情况"的规定。遂于 2017 年 1 月 22 日，向华府房地产公司商品送达了《行政处罚事先告知书》。2018 年 3 月 5 日作出行政处罚决定，对该公司处每套在售房源罚款 300 元，在售房源共计 1095 套，罚款共计 328500.00 元。

华府房地产公司不服，提起行政诉讼，请求法院撤销 L 市发展和改

---

❶ 本案据吉林省辽源市龙山区人民法院.辽源九洲房地产开发有限责任公司与辽源市发展和改革委员会一审行政判决书改编，http://wenshu.court.gov.cn/website/wenshu/181107ANFZ0BXSK4/index.html?docId=d694348f292a4c5fbb0aa9c301063894，中国裁判文书网 2020-6-13。

革委员会作出的行政处罚决定。

# 二、案例研习

## 项目一：法律关系分析

1. 案件性质

本案属于行政处罚案，是因罚款这一行政处罚行为而引发的行政诉讼纠纷。

2. 案件法律关系主体

L市发展和改革委员会是本案中的行政主体，华府房地产公司是本案中的行政相对人。《价格法》第三十三条规定："县级以上各级人民政府价格主管部门，依法对价格活动进行监督检查，并依照本法的规定对价格违法行为实施行政处罚。"L市发展和改革委员会是L市人民政府价格主管部门负责本行政区域内的价格工作。

## 项目二：证据材料分析

1. 被告提供证据的分析

根据《行政诉讼法》的规定，被告L市发展和改革委员会在行政诉讼中负有证明被诉行政处罚行为合法的举证责任。L市发展和改革委员会在本案中向法院提交了以下证据：王某询问笔录、现场录像、现场照片、《检查通知书》《调查笔录》《行政处罚告知书》《行政处罚决定书》、送达回证等材料，以上证据均属书证。其中王某询问笔录、现场录像、现场照片、调查笔录属于事实证据，证实原告在卖场销售房屋时没有依照规定要求明码标价。被告提供这些证据的目的是证明其实施行政处罚行为认定事实清楚、证据确凿。另外，被告提供的《检查通知书》《行政处罚告知书》《行政处罚决定书》、送达回证等，证明被告依照程序要求实施处罚，行政处罚程序合法。

2. 原告提供证据的分析

原告对被诉行政行为的合法性不负有举证责任，但是需要对特定事项进行举证。与此同时，原告有权提供证据证明被诉行政行为的违法性，但原告提供的证据不成立并不能免除被告的举证责任。本案原告向法院提交了监控录像、两份情况说明、证明、申辩状、销售记录明细账、价格检查告知书等证据材料，同时申请两位证人出庭作证。

（1）监控录像。该份证据属于视听资料。原告提供的是销售处的监控录像，以证实原告一直以来都是按照国家规定公示房屋价格。

（2）两份情况说明。情况说明属于书证。两份情况书面，一份是广告公司情况说明，要证实原告在 L 市金鑫广告公司定做价格公示板，要求 2017 年 11 月 17 日将价格公示板送到原告公司；另一份是保洁员张娜的情况说明，证实在被告检查价格公示牌时，原有准备更换的公示牌戳在地上，以为不要了，就给挪到水吧台后的事实。原告提供这两份证据是要证实原告当天没有公示房屋价格的原因及旧公示牌的去向。

（3）证明。该份证据属于书证，是原告中心卖场经理王某提供，用以证实其在被告检查笔录上签字时，是在聊天无意识的情况下实施的。

（4）申辩状。该份证据属于书证，记录了原告对当日未公示房屋价格的申辩理由。

（5）销售记录明细账。该份证据属于书证。证明 2017 年 11 月 15 日销售一套住房，按公示板公示销售价格销售。检查当日即 16 日无房屋买卖，17 日新公示板上墙。原告提供该份证据的目的是证明原告即便在检查当日存在没按要求公示的违法行为，却没有造成实际危害后果的发生，即没有虚假报价后果发生。

（6）价格检查告知书。该份证据属于书证。证实 2017 年 11 月 15 日销售一套住房，按公示板公示销售价格销售，没有造成虚假报价后果发生。16 日处罚当日无销售。原告提供该份证据的目的是证明原告的销售记录明细账与行政机关的检查情况一致，两份证据可以相互印证，原告即便在检查当日存在没按要求公示的违法行为，却没有造成实际危害后果的发生，即没有虚假报价后果发生。

（7）证人王某的证言。证实被告来检查时，没有录到公示板是保洁员挪走的，公司主观没有藏匿公示板的故意。

（8）证人张某的证言。证实被告认定数据不准确，处罚的 1095 套房屋中，包括没有开盘的住宅 120 套、储藏间 40 套、物业用房 3 套，商业房屋 111 套，在检查当日已向被告说明了。

# 项目三：法律适用分析

本案涉及法律规范包括：《行政处罚法》（2018 年 1 月 1 日实施，已被修改）、《价格法》（1998 年 5 月 1 日实施）、《价格违法行为行政处罚规定》（2010 年 12 月 4 日实施）、《商品房销售明码标价规定》（2011 年 5 月 1 日实施）、《J 省物价局规范价格行政处罚裁量权办法》（2013 年 3 月 19 日公布，2016 年 12 月 7 日修订）、《J 省物价局规范价格行政处罚裁量权细化量化标准》2010 年 9 月 1 日公布，2016 年 12 月 7 日修订）。

1.《行政处罚法》相关规定

【条文1】第三十七条第一款 行政机关在调查或者进行检查时，执法人员不得少于两人，并应当向当事人或者有关人员出示证件。当事人或者有关人员应当如实回答询问，并协助调查或者检查，不得阻挠。询问或者检查应当制作笔录。

【适用】被告派出三人检查组对原告进行商品房销售价格检查，执法人员主动出示证件，并对现场录像、拍照，同时制作了检查登记表、检查询问笔录、现场笔录，符合该款对调查程序的要求。

【条文2】第三十一条 行政机关在作出行政处罚决定之前，应当告知当事人作出行政处罚决定的事实、理由及依据，并告知当事人依法享有的权利。

【条文3】第四十二条 行政机关作出责令停产停业、吊销许可证或者执照、较大数额罚款等行政处罚决定之前，应当告知当事人有要求举行听证的权利；当事人要求听证的，行政机关应当组织听证。当事人不承担行政机关组织听证的费用。听证依照以下程序组织：

（一）当事人要求听证的，应当在行政机关告知后三日内提出；

（二）行政机关应当在听证的七日前，通知当事人举行听证的时间、地点；

（三）除涉及国家秘密、商业秘密或者个人隐私外，听证公开举行；

（四）听证由行政机关指定的非本案调查人员主持；当事人认为主持人与本案有直接利害关系的，有权申请回避；

（五）当事人可以亲自参加听证，也可以委托一至二人代理；

（六）举行听证时，调查人员提出当事人违法的事实、证据和行政处罚建议；当事人进行申辩和质证；

（七）听证应当制作笔录；笔录应当交当事人审核无误后签字或者盖章。

当事人对限制人身自由的行政处罚有异议的，依照治安管理处罚法有关规定执行。

【适用】被告在调查取证及内部审核程序结束后，依法向原告送达了《行政处罚事先告知书》，告知其拟作出行政处罚的事实、理由和依据，及其享有的陈述、申辩、听证的权利，符合《行政处罚法》关于处罚告知制度的规定。

2.《价格法》相关规定

【条文4】第十三条第一款　经营者销售、收购商品和提供服务，应当按照政府价格主管部门的规定明码标价，注明商品的品名、产地、规格、等级、计价单位、价格或者服务的项目、收费标准等有关情况。

【适用】被告在对原告商品房销售价格进行检查时，发现原告在地产销售中心没有对房地产销售明码标价情况进行公示，原告有违反《价格法》的行为存在。

3.《价格违法行为行政处罚规定》（2010年修订）相关规定

【条文5】第十三条　经营者违反明码标价规定，有下列行为之一的，责令改正，没收违法所得，可以并处5000元以下的罚款：（一）不标明价格的。

【适用】原告虽有不明码标价的价格违法行为存在，但原告的商品是房屋，所以被告没有具体适用该条款实施处罚，被告的行为不存在问题。

4.国家发展改革委员会《商品房销售明码标价规定》相关规定

【条文6】第八条　商品房销售明码标价实行一套一标。商品房经营者应当对每套商品房进行明码标价。按照建筑面积或者套内建筑面积计价的，还应当标识建筑面积单价或者套内建筑面积单价。

【适用】原告在地产销售中心没有对房地产销售明码标价情况进行公示，该行为违反了该条款的规定，被告依据该条款认定原告行为违法正确。

5.《J省物价局规范价格行政处罚裁量权办法》相关规定

【条文7】第五条　当事人有下列情形之一的，依法不予行政处罚：（三）价格违法行为情节轻微并及时纠正，没有造成危害后果的。

【条文8】第七条　当事人有下列情形之一的，可以从轻处罚：（二）能够及时改正价格违法行为。

【适用】在本案中，针对原告在11月16日的检查中没有对房地产销售明码标价情况进行公示一事，被告选择适用了第七条的规定，对原告实施了从轻处罚，这本身与案件客观事实不符。原告的行为符合第五条的规定，被告选择第七条属于适用规范不正确。

6.《J省物价局规范价格行政处罚裁量权细化量化标准》相关规定

【条文9】第二条　经营者违反明码标价规定不标明价格的，从轻处罚为没收违法所得，可以并处2000元以下的罚款。

【适用】由于原告的价格违法行为属于"价格违法行为情节轻微并及时纠正，没有造成危害后果的，依法不予行政处罚。"的情况，被告选择适用该条款属于适用规范不正确。

# 项目四：争议焦点分析

本案的争议焦点为被告 L 市发展改革委员会对原告华府房地产公司的行政处罚认定事实是否准确，适用法律是否适当。

1. 关于被告行政处罚认定事实的问题

2011 年 3 月 16 日，国家发展改革委发布《商品房销售明码标价规定》，其目的是规范商品房销售价格行为，建立和维护公开、公正、透明的市场价格秩序，保护消费者和经营者合法权益。《行政处罚法》第二十七条第二款规定："违法行为轻微并及时纠正，没有造成危害后果的，不予行政处罚。" 2016 年 12 月 7 日修订的《J 省物价局规范价格行政处罚裁量权办法》第五条第三项规定："价格违法行为情节轻微并及时纠正，没有造成危害后果的，依法不予行政处罚"。本案中，原告提供的房屋销售现场录像及广告公司情况说明显示，原告在以往房屋销售时均在醒目位置悬挂价格公示牌，11 月 16 日在更换新制作的公示板前将原有公示板摘下，由于广告公司没有及时将新更换的价格公示板送至公司，导致被告检查时没有录到悬挂的公示板，11 月 17 日新制作完成的公示板悬挂上墙。根据原告的销售记录明细账，15 日按公示板公示销售价格销售住房一套，检查当日即 16 日无房屋买卖。由此，即便原告存在未公示房屋销售价格的违法行为，但原告 17 日即将新公示板悬挂上墙，而 16 日又无房屋买卖发生，同时被告也没有提供原告违法销售房屋造成危害后果的事实证据，因此，可以说，原告的行为应属于《J 省物价局规范价格行政处罚裁量权办法》第五条第三项规定的价格违法轻微及时纠正，没有造成危害后果，不应予以行政处罚的行为。而被告仅凭检查当日没有录到原告在醒目位置悬挂价格公示板，即认定原告未明码标价，对其予以处罚，并不符合国家对价格存在的标价混乱、信息不透明、价格欺诈等问题的监管要求，被告对原告的处罚认定事实不准确。

2.关于被告行政处罚适用法律的问题

支撑行政执法合法的两个重要的支柱，一是事实认定，一是法律适用，而法律适用又是以事实认定为基础的。只有正确的认定事实，才有可能适法正确，而事实认定如果存在问题，那么法律适用必定会出现偏差。本案中，由于被告对原告的行为认定不准确，因而其法律适用也就存在偏差。本案被告依据《J省物价局规范价格行政处罚裁量权办法》第七条的规定："当事人有下列情形之一的，可以从轻处罚：（二）能够及时改正价格违法行为。"对原告实施了从轻处罚。而本案原告的行为，不是应否从轻处罚的问题，而是应当不予处罚的问题。

## 三、延伸思考

从行政法治的角度讲，行政主体的一切活动皆应严格的受制于法律。但由于行政活动具有广泛性、复杂性，行政主体在实施行政管理的过程中，要经常面对新问题、新情况，这就需要拥有根据具体情况选择采取适当措施履行行政职能的权力，否则，国家的行政管理目标难以实现。那么这个权力就是行政自由裁量权，美国学者伯纳德·施瓦茨在其《行政法》一书中写道：无限制的自由裁量权是残酷的统治，它比其他人为的统治手段对自由更具破坏性。因此，我们在肯定行政自由裁量权作用的同时，必须强化对它的制约与控制。2004年国务院颁布《全面推进依法行政实施纲要》，其在第三部分第5条依法行政的基本要求中，特别规定了合法行政、合理行政、程序正当、高效便民、诚实守信、权责统一的内容。

在行政处罚领域，行政机关通常在作出处罚时有较大的裁量权，如情节轻重的认定、罚则种类及幅度的选择等。《行政处罚法》作为行政处罚领域的基础性法律，确立了行政处罚公正原则、处罚与教育相结合的原则，其第二十七条对行政处罚实施中从轻、减轻以及不予处罚的情形作出了规定。实践中，行政机关还要根据具体行政管理领域的相关法律规范及行政规范性文件（行政裁量基准）作出行政处罚决定。

就本案而言，被告认定原告存在违反《价格法》及《商品房销售明码标价规定》的没有标明所售房屋价格的违法行为，遂依据《J省物价局规范价格行政处罚裁量权办法》第七条第二项及《J省物价局规范价格行政处罚裁量权细化量化标准》第二条的规定实施行政处罚，该处罚看似执法有据，但原告违法行为的发生事出有因并及时改正且未造成任何实际损害后果，此时被告对原告的违法行为是从轻、减轻抑或是不予行政处罚就涉及行政处罚裁量权的运用。近年来，各级人民政府及其职能部门在规范行政处罚裁量权方面作出了不懈的努力，纷纷通过规范性文件的形式确定行政处罚裁量基准。余凌云教授认为："裁量基准是以规范行政裁量的行使为内容的建章立制，一般以规范性文件为载体，是较为程式化的、结构性的、相对统一的思量要求，而不是执法人员颇具个性化的、经验性的甚至是随机的算计。"[1] 2010年9月及2013年3月，J省物价局分别颁布了《J省物价局规范价格行政处罚裁量权细化量化标准》和《J省物价局规范价格行政处罚裁量权办法》，确立了J省价格行政处罚裁量基准。本案原告的价格违法行为符合《J省物价局规范价格行政处罚裁量权办法》第五条第三项的规定（价格违法行为情节轻微并及时纠正，没有造成危害后果

---

[1] 引文出自余凌云：《游走在规范与僵化之间——对金华行政裁量基准实践的思考》，载《清华法学》2008年第3期，第57页。

的）而不符合第七条第二项的规定（能够及时改正价格违法行为），因此法院最终作出撤销判决。

本案的启示在于：行政机关在行政执法中必须综合全案事实考量是否存在从轻、减轻或者不予行政处罚等情形，而不能"断章取义"，更不能"恣意妄为"。以事实为根据，以法律为准绳，不仅是司法机关断案应遵循的基本原则，同时也是行政机关行政执法中应遵循的基本准则。

# 模块二
# 行政许可案例研习

# 案例 1  大成公司诉某省国土资源厅
## 行政许可案❶

## 一、基本案情

大成公司是临高县波莲镇昌乐村水泥配料用红土矿采矿权人，该采矿权有效期至 2013 年 8 月 18 日止。2013 年 7 月 25 日，大成公司向某省国土资源厅（以下简称省厅）提出采矿权延续申请。省厅于当天向原告出具《一次性告知单》，告知原告需补正申请材料。2013 年 8 月 1 日，省厅就大成公司采矿权延续登记事宜向临高县政府作出 1384 号函，征求临高县政府的意见。2013 年 8 月 14 日，临高县政府作出 163 号复函，以县国土局正在立案调查为由，建议不给予原告办理延续登记，并将该矿区重新挂牌出让。2014 年 8 月 22 日，大成公司再次向省厅提交采矿权延续登记申请材料，省厅于当日向原告出具了《受理通知书》，同意受理其采矿权延续申请并于 2014 年 9 月 18 日作出 1804 号复函，答复因大成公司涉嫌违反矿产资源开发管理规定，决定对其的采矿权延续申请按退件处理，待查处结束后可再重新申报。大成公司不服，向省政府申请行政复议。2015 年 4 月 23 日，省政府作出 217 号复议决定，决定撤销省厅作出的 1804 号

❶ 本案参考海南新之成科技开发有限公司与海南省国土资源厅行政许可一审行政判决决书【（2018）琼 01 行初 46 号】编写，http://wenshu.court.gov.cn/website/wenshu/181107ANFZ0BXSK4/index.html?docId=fd3b7cff0001450a8108a9de016beb57，中国裁判文书网，内容有所删改。

复函。2015 年 7 月 13 日，大成公司向省厅提交《关于要求恢复受理采矿权延续登记的申请》。2015 年 8 月 6 日，省厅作出 1009 号复函，认为大成公司持有的采矿许可证已超过有效期近两年，决定不予受理原告提出的恢复受理采矿权延续登记申请。大成公司不服，于 2015 年 9 月 10 日向区法院提起诉讼；区法院于 2016 年 2 月 29 日作出（2015）第 47 号行政判决：（一）撤销被告于 2015 年 8 月 6 日作出的 1009 号复函；（二）限被告于判决发生法律效力之日起十日内受理原告的采矿权延续申请。被告不服向本院提起上诉，三审法院于 2016 年 8 月 29 日作出（2016）Q01 行终 98 号行政判决：驳回上诉，维持原判。

大成公司于在 2016 年 10 月 17 日，向省国土资源厅提交《关于请求执行生效判决恢复受理我司采矿权延续登记的申请》。省厅受理该公司的上述申请后，要求临高县昌乐村水泥配料用红土矿所在地的临高县国土局会同相关部门对红土矿有关情况进行核实。2017 年 6 月 20 日，临高县国土局作出 174 号说明，内容为：经进一步核实，临高县昌乐村水泥配料用红土矿地块，在临高县现行土地规划中涉及基本农田 9.9201 公顷，本次土地规划调整完善大部分基本农田已调出，但仍涉及基本农田 0.0148 公顷；该矿区所有区域均在一类生态红线内。同时提供附件临高县土地利用总体规划（调整完善中间成果）局部图和临高县土地利用总体规划（2014 年修改）局部图及临高县昌乐村水泥配料用红土矿开采区生态红线规划图、示意图。同日，省国土资源厅向该公司作出国土资矿字〔2017〕16 号《关于召开采矿权听证会的通知》。2017 年 6 月 21 日，省国土资源厅向大成公司送达听证通知，并于 2017 年 6 月 29 日对临高县昌乐村水泥配料用红土矿采矿权有关事项举行了听证会，听取了大成公司的意见。2017

年 7 月 21 日，省国土资源厅以红土矿已不属于允许开发矿种范畴，其采矿权延续已不符合我省产业政策要求为由作出国土资矿字〔2017〕20 号《关于临高县昌乐村水泥配料用红土矿采矿权延续不予行政许可决定书》。

大成公司不服向中级人民法院提起诉讼。❶

## 二、案例研习

### 项目一：法律关系分析

1. 案件性质

此案属于行政许可案，具体而言，是因某省国土资源厅作出采矿权延续不予行政许可决定而引发的行政诉讼案件。

2. 案件法律关系主体

某省国土资源厅是本案中的行政主体，大成公司是本案中的行政相对人。省国土资源厅以大成公司开采不符合生态保护红线管理规定，也不符合省产业政策为由，作出国土资矿字〔2017〕20 号不予许可决定。

### 项目二：证据材料分析

1. 被告提供证据的分析

（1）《关于请求执行生效判决恢复受理我司采矿权延续登记的申请》，属于书证，证明原告曾提出申请。

（2）临高县国土局作出的 174 号说明，属于书证，证明该矿区所有区域均在一类生态红线内，红土矿开采不符合本省产业政策。

（3）生态保护红线区相关图件，属于书证，证明该矿区所有区域均

---

❶ 由于本案涉及的救济过程比较复杂：前期救济针对被告不在法定期间内受理原告的采矿权延续申请而展开，后续救济针对被告的行政许可行为违法而展开。此处重在讨论后者。

在一类生态红线内。

（4）国土资矿字〔2017〕16 号《关于召开采矿权听证会的通知》，属于书证，证明被告已经依法举行听证会，行政程序正当。

（5）《矿产资源管理公文送达凭证书》，属于书证，证明被告依法送达，行政程序正当。

（6）国土资矿字〔2017〕20 号《关于临高县昌乐村水泥配料用红土矿采矿权延续不予行政许可决定书》，属于书证，证明被告对于原告的许可申请不能予以批准，进而证明被告不予许可决定合法，行政程序正当。

我们认为被告的证据证明涉案矿区已经全部划入 I 类生态红线区内，且红土矿开采不符合本省产业政策，从而原告拟要延续许可的事项既不符合法律的规定，也不符合政策的规定，已不可能获得行政机关的许可。

2. 原告提供证据的分析

（1）《采矿权许可证》《采矿权延续申请登记书》《采矿权延续申请报告》，属于书证，证明原告依法提出了延续申请，申请程序合法。

（2）国土资矿字〔2013〕1384 号《关于征求临高县昌乐村水泥配料用红土矿采矿权延续登记意见的函》等函，属于书证，证明被告为了不受理原告的采矿权延续申请而故意耽误了大量时间，并可以说明被告因为自身耽误了时间而将责任推给原告，认为原告的申请超过法定期限的说法是不成立的。

（3）省政府复决〔2014〕217 号《行政复议决定书》，属于书证，证明被告不在法定期间内受理原告的采矿权延续申请的行为违法。

（4）（2015）临行初字第 8 号《行政判决书》、（2015）龙行初字第 47

号《行政判决书》、（2016）Q01 行终 98 号《行政判决书》，属于书证，证明被告于判决发生法律效力之日起十日内没有受理原告的采矿权延续申请的行为违法。

（5）国土资矿字〔2017〕20 号《关于临高县昌乐村水泥配料用红土矿采矿权延续不予行政许可决定书》，属于书证，证明原告继续采矿的权益不再得到保障。

（6）原告营业执照副本复印件、原告机构代码证、原告法定代表人身份证明书、授权委托书、律师函，属于书证，证明原告资格及授权委托的合法性。

我们认为原告的一系列证据完整地体现了其申请延续许可的辛酸历程，但不能证明其申请许可本质上符合该省产业政策，且涉案矿区已经全部划入Ⅰ类生态红线区内禁止开采矿产。

## 项目三：法律适用分析

本案涉及法律规范包括：《某省生态保护红线管理规定》（2016 年 9 月 1 日实施）、《某省矿产资源管理条例》（2012 年 11 月 1 日实施，已修改）、《中共某省委关于贯彻落实党的十八届三中全会精神推动全面深化改革的实施意见》（简称〔2014〕1 号《实施意见》）、《某省人民政府关于加强矿产资源开发管理工作的通知》（简称〔2014〕66 号《通知》）。

1.《某省生态保护红线管理规定》相关规定

【条文 1】第十九条　除下列情形外，Ⅰ类生态保护红线区内禁止各类开发建设活动：

（一）经依法批准的国家和省重大基础设施、重大民生项目、生态保护与修复类项目建设；

（二）农村居民生活点、农（林）场场部（队）及其居民在不扩大现有用地规模前提下进行生产生活设施改造。

【适用】本案中原告申请红土矿采矿延续期限不符合上述规定，被告有权作出禁止性决定。

2.《某省矿产资源管理条例》相关规定

【条文2】第四十七条　采矿权人申请延续采矿期限的，应当符合下列条件：

（一）符合矿产资源规划和国家、本省产业政策；

（二）符合安全生产、环境保护、土地和森林管理等有关法律、法规的规定；

（三）已履行缴纳矿产资源开采有关费用等法定和约定义务；

（四）按照矿产资源开采方案进行开采；

（五）法律、法规规定的其他条件。

地质矿产主管部门应当自受理延续申请之日起四十日内作出准予延续或者不予延续的决定。准予延续的，延续期限从采矿许可证有效期届满次日起计算。

【适用】本案中原告的开采已经不符合本省产业政策，与相关的具体规定产生冲突，被告有权就此作出不予延续采矿期限的决定。同时对被告作出决定的期限予以明确，即应当自受理延续申请之日起四十日内作出明确的决定。

3.〔2014〕1号《实施意见》相关规定

【条文3】十一、加快生态文明制度建设，创建生态文明示范区。

划定生态保护红线。落实主体功能区制度，严格按照主体功能区定位推动发展。对自然保护区和其他具有特殊生态、科学研究、旅游价值的特殊区域划定保护红线，实施立法保护，严禁开发。取消对中部生态核心区市县的地区生产总值考核，实行生态保护优先的绩效评价。建立领导干部任期环境质量考核制度，探索实行自然资源资产离任审计。建立生态环境损害责任终身追究制。加强林地集中管理，完善林地征占用审批制度，严格林地定额管理。停止审批建筑砂石料以外其他矿产资源开采项目。

4.〔2014〕66号《通知》相关规定。

【条文4】二、停止新设探矿权和采矿权审批。

停止新设探矿权，停止新设除建筑用砂、石、土和地热、矿泉水等矿产资源以外的采矿权。新设的建筑用砂、石、土和地热、矿泉水采矿权应当符合新设采矿权矿种目录（见附件），并严格实行采矿权设置方案和总量控制管理制度。全省建筑用砂、石、土和地热、矿泉水采矿权设置方案和采矿权总量控制计划由省国土资源行政主管部门编制，报省政府批准后公布实施。对省级以上重点项目急需配套的资源需要新设采矿权的，应报经省政府批准后，由省国土资源行政主管部门依法组织出让。

【适用】以上两个规范性文件中的条文都表明基于生态保护和产业政策调整的公益需要被告有权就此作出禁止开采的行为。

# 项目四：争议焦点分析

本案的争议焦点为被告作出的不予延续采矿权的许可行为是否合法。

首先，根据《某省生态保护红线管理规定》第十九条规定，Ⅰ类生态保护红线区内禁止各类开发建设活动，除经依法批准的国家和省重点基础设施、重大民生项目、生态保护与修复类项目建设和农村居民生活点、农（林）场场部（队）及其居民在不扩大现有用地规模前提下，进行生产生活设施改造外。本案中，根据被告的调查核实，涉案的红土矿采矿区域所在区域已划入Ⅰ类生态保护红线内，而且该红土矿地块还涉及部分基本农田。因此，原告申请延续红土矿采矿期限不符合上述规定。

其次，根据《某省矿产资源管理条例》第四十七条有关"采矿权人申请延续采矿期限的，应当符合下列条件：（一）符合矿产资源规划和国家、本省产业政策"等规定。另外，参照〔2014〕1号《实施意见》，明确停止审批建筑砂石料以外其他矿产资源开采项目，而建筑砂石料并不包括红土矿。建筑砂石料主要是指《矿产资源分类细目》中的"白云岩（建筑用白云岩）、天然石英砂（建筑用砂）、辉绿岩（建筑用辉绿岩）、安山岩（建筑用安山岩）、闪长岩（建筑用闪长岩）、花岗岩（建筑用花岗岩）、凝灰岩（建筑用凝灰岩）、大理岩（建筑用大理岩）"等。同时，〔2014〕66号《通知》中，进一步明确停止新设除建筑用砂、石和地热、矿泉水等矿产资源以外的采矿权。本案中，临高县昌乐村水泥配料用红土矿虽是水泥生产重要配料铁矿砂和软黏土的最佳替代品，但根据省生态保护和产业政策调整的规定，红土矿已不属于允许开发矿种范畴，其采矿期限延续已不符合省产业政策调整要求。因此，被告根据《某省矿产资源管理条例》的规定，结合省政府贯彻执行中央政策和调整产业部署的文件规定，为促进自然资源和生态环境保护协调发展等公共利益，作出不予行政许可决定，认定事实清楚，适用法律正确。

最后，对于被告作出的国地资矿字〔2017〕20号不予许可决定程序是否合法的问题。根据本案查明的事实，原告向被告提交采矿权延续登记的申请后，被告要求临高县国土局会同相关部门对红土矿有关情况进行核实。在 2017 年 6 月 20 日收到临高县国土局作出的 174 号说明后，被告于 2017 年 6 月 29 日组织原告进行了听证，听取了原告的意见；并于 2017 年 7 月 21 日向原告作出 20 号不予许可决定。虽然被告未在承诺的四十个工作日内作出决定，程序上存在瑕疵，但并不影响涉案被诉行政决定实质内容的正当性和合法性。

综上所述，被告认定事实清楚，作出的涉案行政许可行为合法，原告的诉讼请求不成立，遂驳回大成公司的诉讼请求。

## 三、延伸思考

本案原告首先针对被告不在法定期间内受理原告的采矿权延续申请进行救济，法院判决撤销被告于 2015 年 8 月 6 日作出的 1009 号复函（此函的内容为：决定不予受理原告提出的恢复受理采矿权延续登记申请），后原告又向省厅提交《关于请求执行生效判决恢复受理我司采矿权延续登记的申请》，省厅在受理后经过调查最终作出不予许可的决定。原告又针对不予许可的决定提起诉讼，法院最终认为涉案行政许可行为合法，遂驳回原告大成公司的诉讼请求。

但本案还可以有另外一种进路，即从信赖保护原则入手进行分析。信赖保护原则是"二战"后由联邦德国通过法院判例逐渐发展起来的一项行政法基本原则，后经日本及我国台湾地区等效仿与发展，现已在大陆法系有关国家和地区得到明确的确认。我国已于 2003 年的《行政许可法》（2019 年修正）首次规定了信赖保护原则，该法第八条规定："公民、法人或者其他组织依法取得的行政许可受法律保护，行政机关不得擅自改变已经生效的行政许可。行政许可所依据的法律、法规、规章修改或者废止，或者准予行政许可所依据的客观情况发生重大变化的，为了公共利益的需要，行政机关可以依法变更或者撤回已经生效的行政许可。由此给公民、法人或者其他组织造成财产损失的，行政机关应当依法给予补偿。"

本案中其实在原告申请采矿权延续登记期间，产业政策发生变化，〔2014〕1号《实施意见》已经明确"停止审批建筑砂石料以外其他矿产资源开采项目"，据此，红土矿已不属于允许开发矿种范畴，其采矿权延续已不符合省产业政策发展要求。

法治国家，为求得法治的实质正义，行政法始终在依法行政和法的安定性之间寻找一种有效的平衡。土地产业政策的变化使得大成公司基于对政策稳定性的信赖被打破，与此相关的利益演变为损失。但这种情形不是因相对人大成公司的过错造成的，而是为了促进自然资源和生态环境保护协调发展等公共利益的需要省厅对本应予以延续的许可作出了改变，最后作出不予许可的决定，对大成公司的利益产生了实际不利影响，基于信赖利益保护原则的要求需要对大成公司的损失予以补偿。

# 案例2 张平诉某市规划局行政许可案 ❶

## 一、基本案情

2000 年 12 月 21 日，秦淮区建设房产和交通局作出 349 号许可证，许可证记载：建设单位张平，建设项目名称为民房住宅，建设位置红花街道七桥村七三组，建设规模 112 平方米。

秦淮区检察院在另案中发现：1995 年至 2004 年，张平之父担任秦淮区红花镇城建干事兼土地管理员期间，为了使其家中的无证房变为有证房，也为了以后拆迁能够多分房，获取更多拆迁利益，明知其女儿张平系非农业户口，不符合农村宅基地、建房申请条件，仍采用假冒他人签字、冒用他人土地证号等手段，以张平名义违规审批宅基地、建房手续，骗取 349 号许可证。2016 年在南部新城拆迁过程中，张平之父在已退休的情况下，使用上述骗取的许可证，以张平的名义申请征地拆迁补偿并签订补偿安置协议，按协议约定张平获得用于申购征收安置房的房屋征收补偿款并可申购安置房。征收补偿款以存单形式已存入张平账户。即张平之父隐瞒上述许可证系其欺骗取得且不符合政策规定的事实，并据此骗取国家拆迁安置利益。

随后秦淮区检察院于 2018 年 9 月 12 日向某市规划局发送《检察建议

❶ 本案例据章萍与南京市规划自然和资源局行政许可一审行政判决书（2019）苏 8602 行初 660 号改编，http://wenshu.court.gov.cn/website/wenshu/181107ANFZ0BXSK4/index.html?docId=7e7eb37a530041f68d30aaf400bd67c6，中国裁判文书网，内容有所删改。

书》，2018年10月9日，某市规划局向张平作出437号《通知》，认为349号许可证系张平之父以假冒、欺骗手段获得，对不具备申请资格、不符合法定条件的申请人准予行政许可，应当依法予以纠正，决定撤销349号许可证。

张平不服于2019年4月10日向某市铁路运输法院提起诉讼。

## 二、案例研习

### 项目一：法律关系分析

1. 案件性质

此案属于行政许可案，具体而言，是因对不具备申请资格、不符合法定条件的申请人准予行政许可引发的行政诉讼纠纷。

根据《中华人民共和国行政许可法》（以下简称《行政许可法》）第二条的规定，行政许可是指行政机关根据公民、法人或者其他组织的申请，经依法审查，准予其从事特定活动的行为。

2. 案件法律关系主体

根据《行政许可法》第六十九条第一款的规定，有下列情形之一的，作出行政许可决定的上级行政机关，根据利害关系人的请求或者依据职权，可以撤销行政许可：（一）行政机关工作人员滥用职权、玩忽职守作出准予行政许可决定的；（二）超越法定职权作出准予行政许可决定的；（三）违反法定程序作出准予行政许可决定的；（四）对不具备申请资格或者不符合法定条件的申请人准予行政许可的；（五）依法可以撤销行政许可的其他情形。因此，作为区规划局的上级行政机关——市规划局是本案中的行政主体。张平是本案中的行政相对人。

# 项目二：证据材料分析

1. 被告提供证据的分析

（1）宁秦检行公建（2018）9号《检察建议书》所附材料包括：349号许可证、秦规民建（2003）303号建设工程规划许可证（以下简称303号许可证）、秦规民建（2004）154号建设工程规划许可证（以下简称154号许可证）、户籍登记表、《某市农转非人口迁入许可证》、张平结婚证、常住人口登记表、户口迁移证及存根、申请入户呈批表、准予迁入证明、《申请》《土地使用证》《证明》《土地使用证存根》《土地使用情况调查表》《村民建房申请表》《工程建设许可证存根》《村民建房申请表》《雨花台区农户宅基地申请报批表》《村民建房申请表》《秦淮区村民建房申请表》《秦淮区红花街道村民建房报批表》等。该证据属于书证，证明原告在申请349号许可证时并非农村户口，不符合办理村民建房的法定条件，349号许可证系原告父亲以假冒、欺骗手段获得，撤销349号许可证的决定合法。

（2）（2018）S0104刑初330号《刑事判决书》。该证据属于书证，证明1995年至2004年，张平父亲张双保任秦淮区红花镇城建干事兼土地管理员期间，采用假冒他人签字、冒用他人土地证号等手段，骗取349号许可证已被刑事处罚的事实。证明其行政许可决定系以欺骗手段获得，进而证明被诉行政行为合法。

（3）宁规字〔2018〕437号《关于撤销"秦规民建（2000）349号"建设工程规划许可证的通知》（以下简称437号《通知》）。该证据属于书证，证明被告作出的撤销行政许可的行为认定事实清楚、适用法律正确、程序合法。

被告提交的证据均来源合法、内容真实，与本案具有关联性，能证明 349 号许可证系张平之父以假冒、欺骗手段获得，而对不具备申请资格、不符合法定条件的申请人准予行政许可，应当依法予以纠正，被告有权决定撤销 349 号许可证。

2. 原告提供证据的分析

437 号《通知》，证明被告作出了撤销行政许可的行政行为。原告提交的此证据属于书证，能够证明撤销行政许可行为的存在，但原告没有针对其要求确认 437 号《通知》违法的诉求提交更为有利的证据，只是提出了一些质疑。

## 项目三：法律适用分析

本案涉及法律规范包括：《中华人民共和国城乡规划法》（以下简称《城乡规划法》）（2015 年 4 月 24 日实施，已修改）、《某市城乡规划条例》（2017 年年 10 月 1 日实施，已修改）、《行政许可法》（2004 年 7 月 1 日实施，已被修改）。

1. 《城乡规划法》相关规定

【条文 1】第一条　为了加强城乡规划管理，协调城乡空间布局，改善人居环境，促进城乡经济社会全面协调可持续发展，制定本法。

【适用】本条是关于该法立法目的的规定，城乡规划是由城镇体系规划、城市规划、镇规划、乡规划和村庄规划组成的有关城镇和乡村建设和发展的规划体系。其中将城乡规划的编制、审批、实施以及监督检查活动纳入法制化轨道，依法规范、管理城乡建设活动，也是该法的立法目的之一，其根本目的在于以人为本，实现城乡空间协调布局，为人民群众创造良好的工作和生活环境。而原告张平父亲通过欺骗手段获得许可，用非农户口挤占农业户口的权益，是与本法的立法目的相违背的，是应该受到被告监管的。

2.《某市城乡规划条例》相关规定

【条文2】第五条　市规划和自然资源主管部门负责本市城乡规划管理工作，其设立的派出机构具体承担辖区内的城乡规划管理工作。

城乡建设、住房保障和房产、城市管理等行政主管部门按照各自职责，做好相关工作。

镇人民政府、街道办事处按照城乡规划法律、法规和本条例规定，负责城乡规划相关工作。

【适用】本条是有关城乡规划管理工作职权分配的规定。根据该条规定，被告市规划局是城乡规划管理工作的适格行政主体，有权对申请人的建房申请作出许可并有权对许可进行后续监管。

3.《行政许可法》相关规定

【条文3】第六十九条　有下列情形之一的，作出行政许可决定的行政机关或者其上级行政机关，根据利害关系人的请求或者依据职权，可以撤销行政许可：

（一）行政机关工作人员滥用职权、玩忽职守作出准予行政许可决定的；

（二）超越法定职权作出准予行政许可决定的；

（三）违反法定程序作出准予行政许可决定的；

（四）对不具备申请资格或者不符合法定条件的申请人准予行政许可的；

（五）依法可以撤销行政许可的其他情形。

被许可人以欺骗、贿赂等不正当手段取得行政许可的，应当予以撤销。

依照前两款的规定撤销行政许可，可能对公共利益造成重大损害的，不予撤销。依照本条第一款的规定撤销行政许可，被许可人的合法权益受到损害的，行政机关应当依法给予赔偿。

依照本条第二款的规定撤销行政许可的，被许可人基于行政许可取得的利益不受保护。

【适用】本条是有关可以撤销行政许可情形的规定。根据该条规定，被告认定原告在申请 349 号许可证时不符合办理村民建房的法定条件，且撤销该行政许可并不会对公共利益造成重大损害，有权决定撤销该许可证。

## 项目四：争议焦点分析

本案的争议焦点为被告市规划局撤销行政许可的行为是否合法。

### 1. 被告认定事实是否清楚

本案中市规划局接到检察院的检察建议后经进一步核实，遂依据检察建议书及所附证据材料作出 437 号《通知》，该做法体现了国家机关不同部门之间的相互配合与协助，与行政机关自己独立调查并不冲突，437 号《通知》的作出不违反行政中立的法治原则。后该市秦淮区人民法院作出的（2018）S0104 刑初 330 号《刑事判决书》，亦确认了张平之父的违法事实。

2. 被告适用法律是否正确

依照《中华人民共和国行政许可法》第六十九条第二款规定："被许可人以欺骗、贿赂等不正当手段取得行政许可的，应当予以撤销。"第四款规定："依照本条第二款的规定撤销行政许可的，被许可人基于行政许可取得的利益不受保护。"关于本案 349 号许可证，秦淮区检察院查明真相后为履行法律监督的法定职责，向被告发出《检察建议书》，提出纠正违法行政许可的检察建议。被告表示在办理 349 号许可证时申请材料只有申请表，被告在审查了《检察建议书》所附证据材料的基础上，认定原告在申请 349 号许可证时不符合办理村民建房的法定条件，且撤销该行政许可并不会对公共利益造成重大损害，故依据《行政许可法》第六十九条第一款第（四）项的规定决定撤销该许可证，适用法律并无不当。

# 三、延伸思考

1. 已生效刑事判决认定的事实能否直接作为行政诉讼案件定案的依据

《最高人民法院关于行政诉讼证据若干问题的规定》第七十条明确规定："生效的人民法院裁判文书或者仲裁机构裁决文书确认的事实，可以作为定案依据。"之所以赋予人民法院生效裁判所确认的事实具有较强证明力，共识认为其理论基础来源于人民法院生效裁判的既判力理论，即生效的裁判不可随意撤销或者改变，当事人对裁判的内容不可再争议，法院也自用受其约束，而且任何一个人民法院作出的生效裁判，不论诉讼标的大小、法院级别高低和法院区域所在，均应得到维护和尊重。也涉及刑事政诉讼的证明标准高于行政诉讼的证明标准。刑事诉讼适用的"排除合理怀疑"的证明标准，行政诉讼的被告要证明具体行政行为所依据事实确存在，即"证据确凿"，无须排除合理怀疑。此外将已经生效的法律文书中确认的事实作为后续诉讼中的定案依据，也可以避免不同判决出现矛盾的情况，同时也提高审判的效率。综上，人民法院作出的（2018）S0104刑初330号《刑事判决书》可以确认张平之父的前述事实的存在。

《最高人民法院关于行政诉讼证据若干问题的规定》第七十条规定，"但是如果发现裁判文书或者裁决文书认定的事实有重大问题的，应当中止诉讼，通过法定程序予以纠正后恢复诉讼。"虽然三大诉讼基本法对人民法院生效裁判文书证据资格是认可的，但并不绝对禁止以反证的方式来质疑已生效判决所确认的案件事实。同时考虑法院生效裁判文书毕竟是已发生法律效力司法裁判文书，不能随意推翻，需要经过法定程序才可以。而本案中原告张平只是对被告认定的事实提出质疑，而没有进一步提出充分的证据，所以最终法院认为被告认定的事实清楚。

2. 行政许可的撤销与行政许可的注销之辨

原告诉称自己获得349号许可证已历经近20年，在此20年中土地政策、建房政策、拆迁政策，包括城乡规划规定均发生了多次变化，此许可证存在还是注销对城乡规划不会产生任何影响。原告的说法是不成立的，其在故意混淆撤销与注销的区别，通过分析可知撤销与注销针对的情形不同，同时二者在时间先后上也有不同，撤销在前，注销在后，撤销是在实体上剥夺了被许可人因许可而享受的各种权益，注销是在后续程序上予以消灭，比如收回许可证件并予以销毁。对于第349号许可证，首先依照《行政许可法》第六十九条第一款第（四）项应该予以撤销，再依照第七十条第四项予以注销。

（1）行政许可的撤销，是指作出行政许可决定的行政机关或者其上级行政机关，根据利害关系人的请求或者依据其职权，对行政机关及其工作人员违法作出的准予行政许可的决定,依法撤销其法律效力的行为。《行政许可法》第六十九条(详见本文案例研习中的项目三)从两个方面规范行政机关行使撤销权的行为。一是明确了撤销权行使的条件与程序。对违法的行政许可事项,基于保护公共利益的需要,该撤销的,行政机关应当予以撤销;撤销可能对公共利益造成重大损害的,不予撤销;可以撤销可以不撤销的,行政机关应当衡量各种利益后决定是否行使撤销权。二是因行政机关的原因导致行政许可决定被撤销时,规定行政机关应当赔偿被许可人因此受到的损害。

行政许可是行政机关根据公民、法人或者其他组织的申请,经依法审查,准予其从事特定活动的行为,对于符合条件的相对人而言是一种受益性的行政行为。而许可的撤销是带有惩戒性质的行政行为,其指向的是非法取得之许可,具有溯及力,被撤销的许可自始无效。结合本案分析,颁发给张平的许可证是由其父利用职务之便通过非法方式获得的,属于《行政许可法》第六十九条第一款第(四)项规定的情形,且撤销不会对公共利益造成侵害,所以被告决定撤销该许可证。

(2)《行政许可法》第七十条是对注销的具体规定。内容如下:有下列情形之一的,行政机关应当依法办理有关行政许可的注销手续:(一)行政许可有效期届满未延续的;(二)赋予公民特定资格的行政许可,该公民死亡或者丧失行为能力的;(三)法人或者其他组织依法终止的;(四)行政许可依法被撤销、撤回,或者行政许可证件依法被吊销的;(五)因不可抗力导致行政许可事项无法实施的;(六)法律、法规规定的应当注销行政许可的其他情形。

许可的注销是一种不含价值判断的行政行为,与行政行为的合法性无关，只是一种法定的权利消灭程序，不具有溯及力。实务中存在以注销代替撤销的现象，这种做法实际是未对许可的合法性问题进行认定，没有履行监管职责。尤其对于行政机关工作人员滥用职权、玩忽职守以及申请人以欺骗、贿赂等不正当手段取得许可的情形，许可主管部门应当及时撤销涉案许可，给予违法者相应的行政处罚，而注销是没有这样的法律后果的。

# 案例3 赵明诉某市规划局行政许可案[1]

## 一、基本案情

2017年10月30日，利民东村11栋某单元业主陈欢等人向市规划局提交某市规划局建设项目规划审批事项申请表，申请建设涉案项目，并提交了某市既有住宅增设电梯规划设计方案申报表、委托书、建设者身份证及房屋权属证明、既有住宅增设电梯协议书、增设电梯工程费用预算及分摊方案、增设电梯运行保养维修等费用分摊方案、电梯使用单位的确定及运行管理协议、对权益受损业主的资金补偿方案、建邺区增设电梯规划初步审查意见书、某市既有住宅增设电梯设计方案公示报告及照片、说明函、施工设计图等相关申报材料。市规划局于2017年10月30日当日收到以上申报表，该表上载明：涉案单元12户同意增设电梯。涉案单元共14户，各住宅房屋专有部分面积均为85.59平方米。市规划局经审查，认为申请材料符合许可条件，于2017年11月7日向陈欢等人核发建字第320105201716610号建设工程规划许可证，项目名称为利民东村11栋36号增设电梯。

此后，该项目所在单元业主赵明认为，该项目征求意见过程中不是2户，而是6户不同意安装电梯，市规划局未对陈欢等人提供的申报材料进行核实就颁发规划许可证的行政行为违法，于是诉至法院，请求法院依法

---

[1] 本案参考赵志强、何中道与南京市规划局规划行政许可纠纷一审行政判决书. （2018）苏8602行初703号编写，http://wenshu.court.gov.cn/website/wenshu/181107ANFZ0BXSK4/index.html?docId=91fa6bf720c648f9ae6ea9b600cac8ee，中国裁判文书网，内容有所删改。

撤销第 320105201716610 号建设工程规划许可证。

# 二、案例研习

## 项目一：法律关系分析

1. 案件性质

此案属于行政许可案，具体而言，是因既有住宅增设电梯规划审批项目即行政许可行为引发的行政诉讼纠纷。

根据《行政许可法》第三十四第一款和第二款条的规定：行政机关应当对申请人提交的申请材料进行审查。申请人提交的申请材料齐全、符合法定形式，行政机关能够当场作出决定的，应当当场作出书面的行政许可决定。

2. 案件法律关系主体

某市规划局是本案中的行政主体；陈欢等人是本案行政许可行为的直接相对人，赵明是本案行政许可的间接相对人，属于《行政诉讼法》第二十五条第一款规定的"其他与行政行为有利害关系的公民、法人或者其他组织，有权提起诉讼"。

陈欢等人申请增加电梯，某市规划局审查后予以许可，赵明等人不同意增加电梯，于是引发行政诉讼。

## 项目二：证据材料分析

1. 被告提供证据的分析

（1）某市规划局建设项目规划审批事项申请表，此证据属于书证，证明有涉案单元业主向被告提出规划申请，进而证明被告核发涉案规划许可证程序合法。

（2）涉案规划许可证，此证据属于书证，证明被告依法作出了书面的建设工程规划许可证。

（3）某市既有住宅增设电梯设计方案公示报告、某市既有住宅增设电梯设计方案公示异议书、公示照片 11 张；此证据属于书证，证明被告依法履行了公示义务，进而证明被告核发涉案规划许可证程序合法。

（4）某市既有住宅增设电梯规划设计方案申报表及委托书，此证据属于书证，证明申请人申请手续和委托手续齐全。

（5）业主身份证和房屋权属证书，此证据属于书证，证明申请人是合法业主，具有对是否增设电梯的参与权和表达权。

（6）既有住宅增设电梯协议书，增设电梯工程费用预算及分摊方案，增设电梯运行、保养、维修等费用分摊方案，电梯使用单位的确定及运行管理协议，对权益受损业主的资金补偿方案；以上证据属于书证，证明申请人都已经就增设电梯的相关事宜做好交流沟通，达成了一致意见。

（7）建邺区增设电梯规划初步审查意见书，该证据属于书证，证明电梯工程设计方案可行。

（8）说明函，该证据属于书证，证明加装电梯工程不影响原有（住宅楼）结构的安全使用，电梯井道完全满足消防设计规范的要求。

（9）涉案项目总平面图、平面图、立面图、剖面图，该证据属于书证，证明申请人提交材料全面，进而证明被告认定事实正确。

证据（4）至证据（9）证明许可申请人按照相关法律规范的要求提交的申请资料齐全、形式齐备，进而证明被告依照相关法律规范，核发涉案规划许可证证据确凿，事实清楚。

综上，我们认为被告市规划局经审核陈欢等建设者提交的材料，在材料完整、事实清楚的情况下，于 2017 年 11 月 7 日颁发涉案规划许可证，被告作出行政许可认定事实清楚，适用法律正确，行政程序合法，并无不当之处。

2. 原告提供证据的分析

（1）房屋所有权证，证明自身具有原告主体资格。

（2）涉案规划许可证，证明与原告有利害关系。

（3）关于建邺区利民东村 11 栋 36 号、37 号、38 号住宅楼增设电梯间及连廊工程反馈意见，证明涉案单元有 6 户业主不同意安装电梯，意见已由社区签收。

（4）规审查（2017）02970 号发证公示。

（5）建字第 320105201716610 号发证公示。

证据（4）、证据（5）证明涉案项目申请许可的时间在提交申请表之前，与申请表时间不符。进而证明被告作出的行政许可行为程序违法。

我们认为，原告方证据（3）的真实性无法判断。且原告称意见交至基层群众自治组织，与被告并无关联，不能证明该意见到达了被告处。原告方证据（4）、证据（5）亦无法证明被告行政许可程序违法。

# 项目三：法律适用分析

本案涉及法律规范包括：《行政许可法》（2004 年 7 月 1 日实施，已被修改）、《某市城乡规划条例》（2017 年 10 月 1 日实施，已被修改）、《某市既有住宅增设电梯实施办法》（政规字〔2016〕11 号）、《某省物业

管理条例》（2013 年 5 月 1 日实施，已被修改）、《某省行政程序规定》
（2015 年 3 月 1 日实施）等法律规范。

1.《行政许可法》相关规定

【条文 1】第二十九条　公民、法人或者其他组织从事特定活动，依法需要取得行政许可的，应当向行政机关提出申请。申请书需要采用格式文本的，行政机关应当向申请人提供行政许可申请书格式文本。申请书格式文本中不得包含与申请行政许可事项没有直接关系的内容。

申请人可以委托代理人提出行政许可申请。但是，依法应当由申请人到行政机关办公场所提出行政许可申请的除外。

行政许可申请可以通过信函、电报、电传、传真、电子数据交换和电子邮件等方式提出。

【适用】本条是有关行政许可申请的规范，申请人需要按照以上规范向许可机关提出申请。本案中第三人（行政许可的申请人）按照法定要求提交了规划申请等相关资料。

【条文 2】第三十四条　行政机关应当对申请人提交的申请材料进行审查。

申请人提交的申请材料齐全、符合法定形式，行政机关能够当场作出决定的，应当当场作出书面的行政许可决定。

根据法定条件和程序，需要对申请材料的实质内容进行核实的，行政机关应当指派两名以上工作人员进行核查。

【适用】本条是有关许可审查与决定的规范，被告审查后认为符合许可条件应当按照规范作出许可决定。本案被告市规划局接到申请后，经过依法审查认为符合相关条件，最终作出行政许可决定。

2.《某市城乡规划条例》相关规定

【条文3】第三十五条　进行建筑物、构筑物、道路、管线和其他工程建设的，建设单位或者个人应当向城乡规划主管部门申请办理建设工程规划许可证。

符合城乡规划要求、对城乡规划实施没有影响的简易项目，城乡规划主管部门应当简化建设工程规划许可证的审批流程。具体办法由市城乡规划主管部门制定，报市人民政府批准后公布。

【适用】本条是对建设工程规划管理相关部门的职权规定。本案中市规划局作为城乡规划主管部门，对于市行政区划内的建设工程具有核发建设工程规划许可的法定职权。既有住宅楼增设电梯仅是对建筑物的局部改建，属于对城乡规划实施没有影响的简易项目，其建设工程规划许可的审批流程可以由市人民政府决定。

【条文4】第三十九条第二款　城乡规划主管部门应当自受理之日起二十个工作日内审查完毕。符合要求的，核发建设工程规划许可证；不予核发的，书面说明理由。

【适用】本条是对建设工程规划管理相关部门行使职权法定时限的规定。本案中被告市规划局在法定期限内依法审查后认为申请人提交的材料符合要求，可以颁发规划许可证。

3.《某市既有住宅增设电梯实施办法》相关规定

【条文5】第十一条　既有住宅增设电梯，建设者应当向规划部门申请办理建设工程规划许可手续，并提供下列材料：（一）建设工程规划许可申请书；（二）本单元业主身份证、房屋权属证明复印件；（三）代理人身份证、授权委托书；（四）增设电梯住宅建筑、结构施工图及地质勘查报告；（五）符合国家设计规范的建设工程施工图设计文件；（六）本办法第五条规定的书面协议；（七）公示报告以及与异议人协商情况说明；（八）法律、法规规定的其他材料。

【适用】本条是对建设者申请办理建设工程规划许可手续提供相关材料的规定。本案中许可申请人向市规划局申请办理增设电梯项目的建设工程规划许可证，并依法提交了以上相关材料。

4.《某省物业管理条例》相关规定

【条文6】第六十九条　住宅物业需要使用共有部分增设电梯等进行二次开发、改造的，应当经本幢或本单元房屋专有部分占建筑物总面积三分之二以上且占总人数三分之二以上的业主同意。

【适用】本条是对住宅物业需要使用共有部分增设电梯等进行二次开发、改造同意比例的具体要求。本案中在某省范围内，住宅物业使用共有部分增设电梯，无须征得全小区专有部分占建筑物总面积三分之二以上的业主且占总人数三分之二以上的业主同意，只需本幢或本单元房屋专有部分占建筑物总面积三分之二以上且占总人数三分之二以上的业主同意即可。且是否符合"双三分之二"要求的基准时间，应为行政行为作出之时。本案被告有权按照以上要求进行审查并作出许可决定。

5.《某省行政程序规定》相关规定

【条文7】第三条　行政机关应当根据法律、法规、规章，在法定权限内，按照法定程序行使行政职权。

【适用】地方性法规、规章均是行政机关行使职权的依据，本案中被告市规划局应当依据地方性法规和相关规章作出行政行为。

## 项目四：争议焦点分析

本案的争议焦点为被告作出的行政许可行为是否合法。

1. 被告认定事实是否清楚

涉案单元业主们向规划局提交了建设项目规划审批事项申请表、业主身份证和房屋权属证书，既有住宅增设电梯协议书，增设电梯工程费用预算及分摊方案，增设电梯运行、保养、维修等费用分摊方案，电梯使用单位的确定及运行管理协议，对权益受损业主的资金补偿方案等相关材料。被告据此认定申请人都已经就增设电梯的相关事宜做好交流沟通，达成了一致意见。且被告于 2017 年 10 月 30 日收到的申报表上载明，涉案单元 12 户同意增设电梯。涉案单元共 14 户，各住宅房屋专有部分面积均为 85.59 平方米。据此，被告对申请人的身份、达成一致意见、户数、房屋专有面积的认定客观、准确。因此，被告作出涉案许可证认定事实清楚、证据确实充分。原告提交的证据 3 称是 6 户业主，不是 2 户业主不同意安装电梯的意见，原告称于 2017 年 9 月已将该意见交至社区。对此证据进行分析可见：首先，原告所提交的证据 3 上签收人的身份并不确定；其次，2017 年 9 月的意见只是交到社区，社区（居民委员会）是基层群众自治组织，并非行政机关，与被告更无关联，不能证明该意见到达了被告处。因此，不能作为被告认定事实不清的理由。

2. 被告许可程序是否合法

行政程序是指国家行政机关在行使行政权力、实施行政活动过程中所遵循的步骤、方式、时限和顺序的总和。首先，被告在对许可申请人提交的各种材料依法全面审查的基础上，认为符合法定条件，依法按照法定程序进行受理、审查、公示、颁发许可证、批后公布等程序，程序环节完整。其次，在时限上也没有违法之处，《某市城乡规划条例》第三十九条第二款规定："城乡规划主管部门应当自受理之日起二十个工作日内审查完毕。符合要求的，核发建设工程规划许可证；不予核发的，书面说明理由。"被告市规划局2017年10月30日收到申请，经审核认为建设者提交的材料真实完整，于是在2017年11月7日颁发涉案规划许可证，没有超过二十个工作日。最后，相关业主在行政许可行为作出之后才提交的意见，不属于被告市规划局在行政程序中需要裁量考虑的内容。综上所述，被告在作出行政许可的过程中充分保障了周边利害关系人的相关利益和规划知情权，依法、合理地履行了规划许可审批职责，核发被诉的《建设工程规划许可证》的程序合法，并无不当之处。原告对这一点的质疑是不成立的。

3. 被告适用法律是否正确

法律、法规、规章是行政机关行使职权的依据。公民、法人和其他组织、地方各级人民政府及其组成部门均无权拒绝适用以上法律规范。本案中的《某省物业管理条例》《某省城乡规划条例》《某市城乡规划条例》等均为地方性法规，是正式法律渊源，被告在适用法律上不存在违法之处。《某省行政程序规定》为政府规章，《某市既有住宅增设电梯实施办法》〔宁政规字〔2016〕11号〕为规范性文件，被告依据以上这些法律文件作出行政许可，适用法律正确。

## 三、延伸思考

本案是因是否应允许在原有住宅楼加装电梯而引发的行政纠纷。如今电梯对居民（尤其是老年居民）而言，越来越显示出其在居住、出行等方面的必需性，然而受历史条件限制，有相当多的老旧住宅在建设时并未配置电梯。与此同时，我们也必须承认在加装电梯过程中很容易出现低层业主和高层业主之间的分歧，而业主之间的民事争议，也很可能会演化为业主与行政机关之间的行政争议。该类行政争议如果处理不当，很可能影响社区的和谐稳定，影响行政机关"为民便民"的形象，因此我们认为行政机关在该类事项的处理中可以尝试构建以下制度：

第一，建立老旧小区住宅加装电梯工作联席会议制度，化解因加装电梯而引发的民事纠纷、行政纠纷。该联席会议的组成，应由规划资源、住建、市场监管等职能部门分管负责领导人员任召集人，有关职能部门为成员单位，统筹部署行政区划内老旧小区住宅加装电梯工作，协调解决实际工作中出现的重大、疑难、共性问题。各级政府和职能部门要积极帮助化解加装电梯业主协商、协调难题，提倡公众参与、共同缔造，积极发挥街道和社区基层党组织、居委会协调和人民调解的作用，引导各方共同推进旧楼加装电梯工作，使民事协商、协调难有路径、有解决办法。如本案当中原告所提到的，自己把6户业主不同意安装电梯的反馈意见交由社区签收，实际上是想发挥社区在调解基层纠纷以及充当业主与行政机关沟通桥梁的作用，但本案中却没能真正实现这个目的。

第二，通过举行加装电梯规划项目听证，广泛听取业主意见，化解矛盾纠纷。《行政许可法》第四十六条规定："法律、法规、规章规定实施行政许可应当听证的事项，或者行政机关认为需要听证的其他涉及公共利益的重大行政许可事项，行政机关应当向社会公告，并举行听证。"第四十七条规定："行政许可直接涉及申请人与他人之间重大利益关系的，行政机关在作出行政许可决定前，应当告知申请人、利害关系人享有要求听证的权利；申请人、利害关系人在被告知听证权利之日起五日内提出听证申请的，行政机关应当在二十日内组织听证。"涉案加装电梯工程的规划许可虽不属于法律、法规、规章规定的必须举行听证的事项，但行政机关可依职权举行听证会，告知相关利害关系人享有听证权，以便行政机关广泛充分直接听取业主的意见，从而减少甚至避免本案中因业主与行政机关沟通不畅而引发的行政纠纷。

# 模块三
# 行政强制案例研习

# 案例1 李雷诉花园交警一大队交通 管理行政强制案 ❶

## 一、基本案情

2001 年 7 月，李雷通过分期付款的方式在汽车租赁有限公司购买了一辆东风 EQ1208G1 型运输汽车。李雷依约付清车款后，车辆仍登记挂靠在该公司名下。2006 年 12 月 12 日，李雷雇用的司机胡荣驾驶该车辆行驶至和平路与中山路口时，花园交警一大队的执勤民警以该车未经年审为由将该车扣留并于当日存入存车场。2006 年 12 月 14 日，李雷携带该车审验日期为 2006 年 12 月 13 日的行驶证去处理该起违法行为。花园交警一大队执勤民警在核实过程中发现该车的发动机号码和车架号码看不到，遂以该车涉嫌套牌及发动机号码和车架号码无法查对为由对该车继续扣留，并口头告知李雷提供其他合法有效手续。李雷虽多次托人交涉并提供相关材料，但花园交警一大队一直以其不能提供车辆合法来历证明为由扣留该车。李雷不服，提起行政诉讼，请求法院撤销花园交警一大队的扣留行为并返还该车。

另查明，涉案车辆在被查扣之前，曾在一东风汽车技术服务站进行更换发动机缸体及用钢板铆钉加固车架，但发动机缸体未打刻发动机号码

---

❶ 本案参考最高人民法院（2016）最高法行再 5 号刘某某诉山西省太原市公安局交通警察支队晋源一大队道路交通管理行政强制案行政判决书编写，https://wenshu.court.gov.cn/website/wenshu/181107ANFZOBXSK4/index.html?docId=2acecc46a9b140328e9d4a8751cd4b2a，中国裁判文书网，内容有所删改。

且车架号码被钢板铆钉遮盖。在法院审理期间，双方当事人在法院组织下对该车车架号码的焊接处进行了切割查验。切割后显示的该车车架号码为16位，而李雷提供的该车行驶证载明的车架号码为17位，两者后16位完全相同，只是车架号码缺失了行驶证第一位代表国家或地区的字符。

## 二、案例研习

### 项目一：法律关系分析

1. 案件性质

此案属于行政强制案，具体而言，是因行政扣押行为这种行政强制措施引发的行政纠纷。

根据《中华人民共和国行政强制法》（以下简称《行政强制法》）第二条第二款的规定，行政强制措施是指行政机关在行政管理过程中，为制止违法行为、防止证据损毁、避免危害发生、控制危险扩大等情形，依法对公民的人身自由实施暂时性限制，或者对公民、法人或者其他组织的财物实施暂时性控制的行为。

2. 案件法律关系主体

花园交警一大队是本案中的行政主体，李雷是本案中的行政相对人。

《中华人民共和国道路交通安全法》（以下简称《道路交通安全法》）（2004年5月1日实施，已被修改）第五条第一款规定："国务院公安部门负责全国道路交通安全管理工作。县级以上地方各级人民政府公安机关交通管理部门负责本行政区域内的道路交通安全管理工作。"花园交警一大队作为市公安局交通警察支队下设的交通管理部门，相当于县级公安机关交通管理部门，可以自己的名义独立负责其行政区域内的道路交通安全管理工作，具有行政主体资格。

另外，《道路交通安全法》第九十六条规定："伪造、变造或者使用伪造、变造的机动车登记证书、号牌、行驶证、检验合格标志、保险标志、驾驶证或者使用其他车辆的机动车登记证书、号牌、行驶证、检验合格标志、保险标志的，由公安机关交通管理部门予以收缴，扣留该机动车，并处二百元以上二千元以下罚款；构成犯罪的，依法追究刑事责任。当事人提供相应的合法证明或者补办相应手续的，应当及时退还机动车。"因此，花园交警一大队可以自己的名义作出扣留行为，是该案的行政主体。

## 项目二：证据材料分析

1. 被告提供证据的分析

被告花园交警一大队在行政诉讼中负有证明被诉行政扣押行为合法的举证责任。

（1）行政扣押决定书。该证据属于书证。行政扣押决定是双方争议的行政行为，被告提供的目的是证明被告行政扣押行为内容合法。

（2）公安系统查询所涉车辆信息结果。该证据属于书证。证明所涉车辆使用性质是非营运车辆，进而证明被告实施扣押车辆的行为符合法定条件，是合法的行政行为。

（3）市道路交通管理局向省高院出具的回函。该证据属于书证。证明所涉车辆为非法营运车辆，进而证明被告实施扣押车辆的行为符合法定条件，是合法的行政行为。证据（2）与证据（3）是对案件同一事实的证明，相互佐证，可以增强证据的证明力。

2. 原告提供证据的分析

原告对被诉行政行为的合法性不负有举证责任，但是需要对特定事项进行举证。与此同时，原告有权提供证据证明被诉行政行为的违法性，但原告提供的证据不成立并不能免除被告的举证责任。

（1）保险公司核发的保险证副证，载明被扣押车辆使用性质为营运性货运。该证据属于书证。证明目的是证明被告行政扣押行为认定的事实错误，进而证明被告行政扣押行为违法。

（2）区交通局运输管理所出具的临时道路运输经营许可证。该证据是书证。证明目的是被告扣押车辆使用性质为营运，并非被告认定的非营运车辆，被告行政扣押行为认定事实错误，进而证明被告行政扣押行为违法。区交通局运输管理所属于行政机构，且是具体负责道路运输管理工作的行政机构，是道路运输经营许可证的法定颁发机构，其出具的临时营运证具有合法性。根据《中华人民共和国道路运输条例》（2004 年，实施已被修改）和《道路运证管理工作规范》（1997 年实施，已失效）的规定，临时营运证的申领条件之一是"有与其经营业务相适应并经检测合格的车辆"，区交通局运输管理所只有核验了原告涉案车辆符合营运性质之后，依法才能颁发该证，因此该证据可以间接证明原告涉案车辆为营运性质车辆。

（3）购车手续、汽车租赁有限公司出具的说明。该证据是书证。原告提供的目的是证明涉案车辆为其合法购买，来历合法。

（4）年审手续。该证据是书证。原告提供的目的是证明涉案车辆能正常上路行驶。

（5）东风汽车技术服务站出具的证明。该证据是书证。原告提供的目的是证明涉案车辆在生产厂家指定的维修站更换发动机缸体及用钢板铆钉加固车架的事实，以间接证明由此可能导致车架号无法目视确认，实际车架号码与行驶证号码一致。

# 项目三：法律适用分析

本案涉及法律规范包括：《道路交通安全法》（2004 年 5 月 1 日实施，已被修改）、《道路交通安全违法行为处理程序规定》（2004 年 5 月 1 日实施，已失效）、《机动车登记规定》（2004 年 5 月 1 日实施，已被修改）。

1.《道路交通安全法》相关规定

【条文 1】第九十六条第一款　伪造、变造或者使用伪造、变造的机动车登记证书、号牌、行驶证、检验合格标志、保险标志、驾驶证或者使用其他车辆的机动车登记证书、号牌、行驶证、检验合格标志、保险标志的，由公安机关交通管理部门予以收缴，扣留该机动车，并处二百元以上二千元以下罚款；构成犯罪的，依法追究刑事责任。当事人提供相应的合法证明或者补办相应手续的，应当及时退还机动车。

【适用】被告在发现原告车辆未经年审之后予以扣留，以及发现发动机号码和车架号码无法查对涉嫌套牌后继续扣留车辆，符合上述法律规定的扣留的适用情形。

【条文 2】第一百一十二条　公安机关交通管理部门扣留机动车、非机动车，应当当场出具凭证，并告知当事人在规定期限内到公安机关交通管理部门接受处理。

公安机关交通管理部门对被扣留的车辆应当妥善保管，不得使用。

逾期不来接受处理，并且经公告三个月仍不来接受处理的，对扣留的车辆依法处理。

【适用】被告采取扣留车辆强制措施后，向原告出具了《扣留决定书》，并告知原告到被告处接受处理，符合上述法律规定的程序。

2.《道路交通安全违法行为处理程序规定》相关规定

【条文3】第十一条　需要采取扣留车辆、扣留机动车驾驶证、检验体内酒精、国家管制的精神药品、麻醉药品含量行政强制措施的，按照下列程序实施：

（一）口头告知违法行为人或者机动车所有人、管理人违法行为的基本事实、拟作出行政强制措施的种类、依据及其依法享有的权利。

（二）听取当事人的陈述和申辩，当事人提出的事实、理由或者证据成立的，应当采纳。

（三）制作行政强制措施凭证。

（四）行政强制措施凭证应当由当事人签名、交通警察签名或者盖章、公安机关交通管理部门盖章。当事人拒绝签名的，交通警察应当在行政强制措施凭证上注明。

（五）将行政强制措施凭证当场交付当事人。当事人拒收的，交通警察应当在行政强制措施凭证上注明。

【适用】被告在作出扣留车辆的行政强制措施决定时应符合上述法律规范规定的程序。

【条文4】第十三条　有下列情形之一的，因无其他机动车驾驶人代替驾驶、违法行为尚未消除、需要调查或者证据保全等原因不能立即放行的，可以扣留车辆：

（二）具有使用伪造、变造或者其他车辆的机动车登记证书、号牌、行驶证、检验合格标志、保险标志嫌疑的。

【适用】因原告具有使用变造车辆行驶证的嫌疑，被告出于调查或证据保全的需要可以扣留原告涉案车辆。

【条文5】第十五条　需要对机动车来历证明进行调查核实的，扣留机动车时间不得超过十五日；需要延长的，经县级以上公安机关交通管理部门负责人批准，可以延长至三十日。但机动车驾驶人或者所有人、管理人在三十日内没有提供被扣留机动车合法来历证明、没有补办相应手续，或者不来接受处理的除外。

【适用】被告扣留涉案车辆应符合法定的期限。

3.《机动车登记规定》相关规定

【条文6】第九条　申请改变机动车车身颜色、更换车身或者车架的，应当填写《机动车变更登记申请表》，提交法定证明、凭证。

车辆管理所应当自受理之日起一日内作出准予或者不予变更的决定。对于准予变更的，机动车所有人应当在变更后十日内向车辆管理所交验机动车。

车辆管理所应当自受理之日起一日内确认机动车，收回原行驶证，重新核发行驶证。属于更换车身或者车架的，还应当核对车辆识别代号（车架号码）的拓印膜，收存车身或者车架的来历凭证。

【条文7】第十条　更换发动机的，机动车所有人应当于变更后十日内向车辆管理所申请变更登记，填写《机动车变更登记申请表》，提交法定证明、凭证，并交验机动车。

车辆管理所应当自受理之日起一日内确认机动车，收回原行驶证，重新核发行驶证，收存发动机的来历凭证。

【适用】机动车所有人改变机动车车身颜色、更换车身、车架、发动机的，应向车辆管理部门提出机动车变更登记申请，履行法定的程序。

## 项目四：争议焦点分析

本案的争议焦点为被告扣押涉案车辆的行政强制措施是否合法。

1. 扣押行为的程序是否合法

被告根据当时的《道路交通安全法》第九十六条第一款、《道路交通安全违法行为处理程序规定》第十三条第二项的规定，有权对原告的车辆进行扣押，等待原告前来处理，程序也符合法律规定。此后，在被告指定的处理期限内，原告向被告提交了合法年审手续，被告本应解除扣押归还车辆，但被告又发现该车涉嫌套牌，继续扣押涉案车辆。在此过程中，被告虽可以继续扣押涉案车辆，但应另行制作扣押决定书，因为这是一个新的行政强制措施行为，并非第一个扣押行为的继续。但事实上，被告只是口头通知原告，并未另行制作扣押决定书，存在程序违法之处。

2. 扣押行为的证据是否充分

本案中，被告存在两个扣押行为。第一个扣押行为的理由是涉案车辆没有提供合法的年检手续，符合法定的扣押条件，双方并无异议。第二个扣押行为的理由是涉案车辆涉嫌套牌，其主要证据是涉案车辆车架号码和涉案车辆行驶证载明的车架号码不完全一致，前者共 16 位字符，后者共 17 位字符，前者缺失了代表车辆生产国家或者地区的首字母。原告主张车架号缺失系切割查验时不慎导致，被告庭审中未提出相反意见，考虑到涉案车辆确系我国生产的东风运输汽车,特定汽车生产厂家生产的特定汽车的车架号码最后 8 位字符组成的字符串具有唯一性,切割查验后显示的车架号码和行驶证所载车架号码的最后 8 位字符完全一致,可以认定被扣留车辆即为行驶证载明的车辆。因此,被告的第二个扣押行为主要证据不足。

3. 扣押行为是否构成滥用职权

第一,最初以涉嫌套牌为由采取扣押不构成滥用职权。根据《机动车登记规定》第九条、第十条的规定,改变机动车车身颜色、更换车身、车架、发动机的,应向车辆管理部门提出机动车变更登记申请,履行法定的程序。原告在车辆生产厂家指定的维修站对涉案车辆的发动机、车架进行维修,并非更换发动机,不需要向行政机关申请履行相关法定程序,其行为不违反法律规定。但是,原告在涉案车辆发动机缸体未打刻发动机号码,且车架号码被钢板铆钉遮盖无法目视确认的情况下,让涉案车辆上路行驶存在过错,被告以涉嫌套牌为由扣押该车符合法律规定并不存在滥用职权。第二,既不调查核实也不解除扣押存在滥用职权。原告提供了车辆合法证明后,被告应根据《道路交通安全法》第九十六条第二款和《道路交通安全违法行为处理程序规定》第十五条的规定作出相应处理:若能证明涉案车辆来历合法,应解除扣押行为,返还原告车辆;若尚不能证明涉案车辆来历合法,应尽快调查核实;若需要原告补办相关手续,应明确告知原告应补办何种手续并依法提供必要的协助。然而,被告在此情况之下,既不返还车辆,又不进一步调查核实涉案车辆来历,也不要求原告履行相关手续并返回维修站或原登记的车辆管理所重新打刻号码,反而要求原告提供客观上已无法提供的其他合法来历证明,反复推诿卸责,显然已严重突破实现行政目的的限度，已构成滥用职权。

## 三、延伸思考

本案最终法院判决确认被告扣押行为违法，判令被告在一定期限内将涉案车辆返还原告。党的十八届四中全会通过了《中共中央关于全面推进依法治国若干重大问题的决定》明确指出，"法律的生命力在于实施，法律的权威也在于实施"，各级政府及其职能部门必须坚持严格规范公正文明执法。交通管理部门在执法过程中应严格执法，为维护道路交通秩序，预防和减少交通事故，保护社会公众的人身、财产安全，依法扣押涉嫌违法的车辆；同时，在采取限制财产等影响相对人权益的行政措施时，应遵循比例原则，以实现行政目的为限，尽可能选择对相对人合法权益损害最小的方式，实现公正文明执法的要求。本案中，被告行政机关违反法定程序，无正当理由长期扣留车辆，过度推诿卸责，严重超越实现行政目的的限度，且对相对人合法权益造成重大损害，显已违背严格规范公正文明的执法要求。人民法院应依法对其行政行为的违法性予以确认，并依法纠正其违法行为，保护相对人的合法权益，助推法治政府建设。

# 案例2　张力诉高县人民政府行政强制案❶

## 一、基本案情

2008年12月17日，市委办公厅、市人民政府办公厅下发了《关于成立市集中整治违法用地专项行动领导小组的通知》（市办字〔2008〕79号），成立市集中整治违法用地专项行动领导小组。2010年11月17日，市集中整治违法用地专项行动领导小组发布了《关于限期拆除110宗违法用地的通知》（市整治发〔2010〕4号），要求将2010年违法占地拆除名单在同年11月30日18时前全部拆除。该通知同时规定，以"违法用地上的建筑物、构筑物全部拆除，建筑垃圾拆除干净，所占耕地复垦、复种到位"为拆除标准，由各区政府和开发区管委会为拆除责任主体，鼓励自拆，对于不自拆的，依法强制拆除。张力的生猪养殖场用地被列入其中。2010年11月23日，高县人民政府按照省市集中整治违法用地的有关要求，下发了《关于成立县集中整治违法用地专项行动领导小组的通知》〔县发（2010）153号〕，贯彻实施拆除违法用地。2013年12月13日，县集中整治违法用地专项行动领导小组办公室向张力下发《责令限期整改通知书》〔县整治通字（2013）267号〕，限张力三天内拆除非法占用耕地上的建筑，否则将强制拆除。同年12月17日下午3时，县集中整治违法

❶ 本案据陕西省高级人民法院（2015）陕行终字第00006号张某某胜利与高陵县人民政府强制拆除生猪养殖场行为违法二审行政判决书编写，https://wenshu.court.cn/website/wenshu/181107ANFZ0BXSK4/index.html?docId=3d19510c7a2041beab0775ab32b49bbf，中国裁判文书网，内容有所修改。

用地专项行动领导小组办公室依据该通知书组织镇政府、村民委员会，带领 30 余人，用装载机对张力承包地上的建筑物实施了拆除。张力不服向市中级人民法院提起诉讼。

另外，2010 年，张力向高县畜牧兽医局提出建养殖场申请，同年 11 月 15 日，获得高县畜牧兽医局批复。2011 年 1 月 10 日，张力与高县动物卫生监督所签订规模养殖场安全生产目标责任书。2012 年 1 月 10 日，张力取得（省高）动防（合）字第 20110035 号动物防疫合格证。2013 年 12 月 18 日，张力取得农用地土地承包经营权证，承包期限为 2012 年 10 月 3 日至 2029 年 9 月 30 日，承包地的总面积为 2666.8 平方米，东邻村民杨安耕地，西邻村民杨义耕地，南邻灌溉渠，北邻生产路。2013 年 8 月 5 日，张力取得个体工商户营业执照，经营范围为"生猪养殖"。同年 9 月 14 日，张力在承包的土地上占用 480 平方米开始修建养猪场。

## 二、案例研习

### 项目一：法律关系分析

1. 案件性质

此案属于行政强制案，具体而言，是因强制拆除生猪养殖场行为即行政强制执行行为引发的行政纠纷。

根据《行政强制法》第二条第三款的规定，行政强制执行是指行政机关或者行政机关申请人民法院，对不履行行政决定的公民、法人或者其他组织，依法强制履行义务的行为。

2. 案件法律关系主体

县人民政府是本案中的行政主体，张力是本案中的行政相对人。

首先，镇政府、村民委员会具体实施了拆除违法建筑物的行为，但是两主体是在县集中整治违法用地专项行动领导小组办公室的组织之下实施的该行为，即属于接受委托实施行政行为的组织。《行政诉讼法》（2014年修正）第二十六条第五款规定："行政机关委托的组织所作的行政行为，委托的行政机关是被告。"根据该条款的规定，镇政府、村民委员会不是本案的行政主体，委托机关是才是本案的行政主体，即本案的被告。

其次，县集中整治违法用地专项行动领导小组办公室虽然是委托镇政府、村民委员会实施了强拆行为，但其本身属于县政府设立的临时机构。行政机关组建并赋予行政管理职能但不具有独立承担法律责任能力的机构，以自己的名义作出行政行为，当事人不服提起诉讼的，应当以组建该机构的行政机关为被告。因此县集中整治违法用地专项行动领导小组办公室，不能以自己名义独立承担强制执行行为的法律后果，不是本案的行政主体，高县人民政府作为组建该机构的行政机关才是行政主体，即本案的被告。

## 项目二：证据材料分析

1.被告提供证据的分析

（1）责令限期整改通知书。该证据属于书证。被告提供的目的是证明被告作出的行政强制执行行为内容合法。"责令限期整改通知书"性质属于行政机关责令行政相对人纠正违法行为的行政行为，并非行政强制执行决定本身。

（2）责令限期整改通知书的送达回证，被告提供的目的是证明原告已经知晓行政强制执行的内容，行政强制执行的行政程序合法。

（3）《关于成立市集中整治违法用地专项行动领导小组的通知》《关于限期拆除 110 宗违法用地的通知》《关于成立高县集中整治违法用地专项行动领导小组的通知》等规范性文件。上述规范性文件虽然不属于证据，但是被告也应向法院提交，其法律依据是《行政诉讼法》第三十四条规定："被告对作出的行政行为负有举证责任，应当提供作出该行政行为的证据和所依据的规范性文件。被告不提供或者无正当理由逾期提供证据，视为没有相应证据。但是，被诉行政行为涉及第三人合法权益，第三人提供证据的除外。"上述规范性文件证明原告建造生猪养殖场属于违法用地行为，被告作出行政强制执行的决定内容合法。

2. 原告提供证据的分析

（1）责令限期整改通知书。该证据属于书证，在起诉时提供该证据证明行政行为的存在以及起诉人具有原告资格。

（2）高县畜牧兽医局对张力申请开办养殖场申请的批复。该证据属于书证，证明原告开办生猪养殖场经过了法定的程序，获得了行政机关的许可。

（3）个体工商户营业执照，该证据属于书证，证明生猪养殖场的市场主体资格合法，与证据（2）共同证明生猪养殖场系合法开办。另外，对于个体工商户的原告资格问题，1998 年的《行政诉讼法》及其司法解释尚无明确规定。若该案发生在现在，根据《最高人民法院关于适用〈中华人民共和国行政诉讼法〉的解释》第十五条第二款"个体工商户向人民法院提起诉讼的，以营业执照上登记的经营者为原告。有字号的，以营业执照上登记的字号为原告，并应当注明该字号经营者的基本信息"之规定，该证据同时也证明张力作为营业执照上登记的经营者具有原告资格。

（4）张力与县动物卫生监督所签订规模养殖场安全生产目标责任书。

（5）张力养殖场的动物防疫合格证。

证据（4）、证据（5）均系书证，共同证明原告养殖场系合法经营。

（6）农用地土地承包经营权证。该证据属于书证，原告提供的目的是证明原告对该土地拥有合法使用权，在该地块上建造养殖场合法。该项证据可以证明原告对于承包的土地有权独立进行占有、使用、收益，进行生产经营活动，并排除包括集体组织在内的任何组织或个人的非法干涉，但是并不能作为其在该土地上建造房屋合法的依据。因此，如果原告不能提供占用承包土地建造房屋的合法手续，就不能证明其养殖场不属于违法建筑的主张。

# 项目三：法律适用分析

本案涉及法律规范包括：《土地管理法》（2004 年 8 月 28 日实施，已被修改）、《行政强制法》（2012 年 1 月 1 日实施）等法律规范。

1.《土地管理法》相关规定

【条文1】第八十三条　依照本法规定，责令限期拆除在非法占用的土地上新建的建筑物和其他设施的，建设单位或者个人必须立即停止施工，自行拆除；对继续施工的，作出处罚决定的机关有权制止。建设单位或者个人对责令限期拆除的行政处罚决定不服的，可以在接到责令限期拆除决定之日起十五日内，向人民法院起诉；期满不起诉又不自行拆除的，由作出处罚决定的机关依法申请人民法院强制执行，费用由违法者承担。

【适用】被告有权对在非法占用的土地上建造建筑物的原告作出责令限期拆除的决定；对限期不拆除违法建筑的原告，被告有权制止。同时，原告对被告的限期拆除的决定有提起诉讼的权利；当原告在法定期限内不起诉又不履行拆除义务的，被告可以申请法院强制执行。

2.《行政强制法》相关规定

【条文2】第四十四条　对违法的建筑物、构筑物、设施等需要强制拆除的，应当由行政机关予以公告，限期当事人自行拆除。当事人在法定期限内不申请行政复议或者提起行政诉讼，又不拆除的，行政机关可以依法强制拆除。

【适用】被告强制拆除违法建筑时，除履行行政强制执行的一般程序之外，还应当将强制拆除违法建筑的内容向社会公告。本案中被告并未将强制拆除违法建筑的内容向社会公告，属于程序违法。

【条文3】第五十三条　当事人在法定期限内不申请行政复议或者提起行政诉讼，又不履行行政决定的，没有行政强制执行权的行政机关可以自期限届满之日起三个月内，依照本章规定申请人民法院强制执行。

【适用】原告在法定期限内不申请行政复议或者提起行政诉讼，又不履行责令限期整改通知书的，被告可以依法在法定期限内申请人民法院强制执行，拆除原告的违法占地建设养殖场。

【条文4】第五十四条　行政机关申请人民法院强制执行前，应当催告当事人履行义务。催告书送达十日后当事人仍未履行义务的，行政机关可以向所在地有管辖权的人民法院申请强制执行；执行对象是不动产的，向不动产所在地有管辖权的人民法院申请强制执行。

【适用】被告在申请人民法院强制执行前，也应履行催告程序，催告原告履行义务。

【条文5】第三十五条　行政机关作出强制执行决定前，应当事先催告当事人履行义务。催告应当以书面形式作出，并载明下列事项：

（一）履行义务的期限；

（二）履行义务的方式；

（三）涉及金钱给付的，应当有明确的金额和给付方式；

（四）当事人依法享有的陈述权和申辩权。

【适用】被告制作催告书应符合法定的内容和形式要求。

# 项目四：争议焦点分析

本案的争议焦点为被告高县人民政府实施的强制拆除违法建筑的行为是否合法。

（1）被告是否有行政强制执行权。《行政强制法》第十三条规定："行政强制执行由法律设定。法律没有规定行政机关强制执行的，作出行政决定的行政机关应当申请人民法院强制执行。"同时《土地管理法》第八十三条规定："期满不起诉又不自行拆除的，由作出处罚决定的机关依法申请人民法院强制执行，费用由违法者承担。"因此，被告高县人民政府不具有强制执行权，不能依法自行强制执行，而应依法向人民法院申请强制执行。

（2）被告行政强制执行程序是否合法。被告高县人民政府虽然没有行政强制执行权，但在申请人民法院强制执行之前也必须履行法定的程序，具体而言包括催告程序、公告程序。

综上，以整治违法用地为由仅向当事人下发了责令限期拆除整改通知，在未经催告、未予公告的前提下，不具有行政强制执行权的行政机关直接实施强制拆除，该行政强制执行行为违法。

# 三、延伸思考

1.《行政强制法》第四十四条规定"公告"能否替代"催告"

《行政强制法》第四十四条规定"对违法的建筑物、构筑物、设施等需要强制拆除的，应当由行政机关予以公告"，此项有关"公告"程序的规定是考虑到强制拆除的特殊性，为了使强制拆除更规范、更慎重、更具有可接受性，而设置的一项强制拆除的特殊程序。公告实质上是催告的特殊形式，其内容也是督促负有义务的行政相对人在一定期限内履行自行拆除的义务。与催告不同的是，公告的对象是社会公众，不仅包括行政相对人，也包括其他社会公众；公告程序中，并未明确设置相对人的陈述权、申辩权；公告的作用除了催促告诫相对人尽快履行义务，还包括向社会公开行政相对人的违法事实，让社会公众引以为戒，同时一旦强制拆除时接受社会公众的舆论监督，以便提高强制拆除行为的公众可接受性。虽然公告和催告的内容类似，但是对象不同、作用不完全相同，如果以公告替代催告，在实践中有可能出现因公告只是张贴在一定区域并不送达给相对人，相对人实际并不知晓的情形，侵犯了相对人的合法权利，也没有达到催促告诫相对人尽快履行义务的目的。因此，我们认为不能以公告程序替代催告程序，即行政机关在作出强制拆除决定之前，除了向相对人作出催告，还应作出公告广而告之。

2.责令限期改正行为的性质属于行政处罚，还是责令纠正违法行为的行政处理决定

本案中被告以违法占用土地为由对原告作出了责令限期整改通知书，属于责令当事人在一定期限内纠正违法行为的行政行为。在行政执法实践中行政机关针对行政相对人的违法行为常常作出"责令改正"类的行

政行为，但是对该类行政行为的性质学界与司法界有不同的认识。

一种观点认为，责令改正或责令限期改正属于行政处罚。因为，根据《土地管理法》第八十三条规定的表述"建设单位或者个人对责令限期拆除的行政处罚决定不服的""由作出处罚决定的机关依法申请人民法院强制执行"，可以得知《土地管理法》中对"责令限期拆除"决定性质认定为行政处罚决定。因此，行政机关在作出责令限期拆除决定时应适用《行政处罚法》规定的行政处罚程序，否则属于违反法定程序。

另一种观点认为，责令改正或限期改正属于行政命令。最高人民法院通过司法裁判的形式已经阐明责令限期改正通知属于行政命令，而非行政处罚，其作出程序不适用《行政处罚法》规定的行政处罚程序。最高人民法院在山东省淄博市人民政府、王元和再审审查与审判监督一案的行政裁定书〔（2018）最高法行申4718号〕中认为责令限期改正通知不属于行政处罚，属于行政命令。首先，行政处罚是行政主体对违反行政管理秩序的行为依法定程序所给予的行政制裁；而责令改正或限期改正违法行为是指行政主体为维持法定秩序而责令违法行为人履行既有的法定义务或停止、纠正违法行为的行政行为。行政处罚科以相对人新的义务，具有惩罚性；而责令改正或限期改正违法行为则是命令相对人履行既有的法定义务，无惩罚性。其次，《行政处罚法》（2017年修正）第八条规定："行政处罚的种类：（一）警告；（二）罚款；（三）没收违法所得、没收非法财物；（四）责令停产停业；（五）暂扣或者吊销许可证、暂扣或者吊销执照；（六）行政拘留；（七）法律、行政法规规定的其他行政处罚。"责令限期改正并不属于上述规定列举的行政处罚的种类。因此，责令改正或限期改正违法行为是不同于行政处罚的行政行为，亦不存在包含或隶属关系。

　　笔者认为"责令改正"类行政行为究竟属于何种性质的行政行为直接影响行政行为适用何种法律规范、适用何种法律程序的问题，非常值得研究和探讨。2021 年 1 月 22 日发布修订、2021 年 7 月 15 日施行的《行政处罚法》增加了行政处罚的概念，明确"行政处罚是指行政机关依法对违反行政管理秩序的公民、法人或者其他组织，以减损权益或者增加义务的方式予以惩戒的行为"（第二条）。根据这一界定，"责令改正"类行政行为因不具有行政处罚"惩戒"的性质，不宜理解为行政处罚。当然，"责令改正"类行政行为即使不属于行政处罚，也应遵循正当程序原则，履行正当的行政程序，这是法治政府建设背景之下行政机关所必须做到的。

# 案例3 刘生诉横县公安局强制隔离戒毒案 ❶

## 一、基本案情

2019 年 2 月 28 日 10 时许，横县公安局下属的上安派出所的民警，在日常工作中发现刘生有吸毒嫌疑，遂将其口头传唤至派出所。同日，上安派出所受理刘生涉嫌吸毒一案并对刘生、张强进行了询问，刘生陈述2016 年其因吸毒被县公安局查处并罚款，2018 年又因吸毒被章县公安局查获并行政拘留和责令社区戒毒。横县公安局查明，2019 年 2 月 27 日下午，刘生于张强停放在自家石料场旁边的本田小轿车内，与张强一同吸食了毒品麻古、冰毒。刘生的尿液经甲基苯丙胺类物质尿液检测板检测，结果呈阳性。经鉴定，刘生吸毒成瘾严重。横县公安局按规定将上述检测、鉴定结果书面告知了刘生。刘生签字确认，未提出异议。横县公安局调取的吸毒人员动态管控详细信息表显示，初次发现刘生吸毒的日期为 2016 年 7 月 20 日；2018 年 11 月 27 日，他被章县公安局查获，责令社区戒毒。刘生认可上述吸毒查处记录并签字确认。横县公安局于 2019 年 2 月 28 日对刘生作出横公（上）决字〔2019〕第 0114 号公安行政处罚决定及横公（上）强戒决字〔2019〕第 0021 号强制隔离戒毒决定，对刘生吸食麻古、冰毒行为处以行政拘留 15 日的处罚，并对原告强制隔离戒毒 2 年，上述

❶ 本案参考湖南省衡阳铁路运输法院（2019）湘 8602 行初 86 号刘某某诉衡阳县公安局强制隔离戒毒决定及行政赔偿案判决书编写，https://wenshu.court.gov.cn/website/wenshu/181107ANFZ0BXSK4/index.html?docId=3e1f5974c75b4a4a8e08ab2600a3ad65，中国裁判文书网，内容有所删改。

二份决定书均载明了救济途径，并且依法向刘生送达。行政拘留决定已书面通知其家属，但强制隔离戒毒决定并未通知其家属，而实际家属已知晓。在作出行政处罚决定前，横县公安局履行了告知义务。但在作出强制隔离戒毒决定前，没有告知刘生享有陈述权、申辩权。刘生不服横县公安局作出强制隔离戒毒决定，向人民法院提起诉讼。

另查明，刘生在收到章县公安局作出的章公（天）社戒决字〔2018〕第0133号责令社区戒毒决定后，既未提起行政复议或行政诉讼，又未向章县公安局提出变更社区戒毒执行地的申请，亦未到执行单位办理社区戒毒执行手续。

## 二、案例研习

### 项目一：法律关系分析

1. 案件性质

此案属于行政强制案，具体而言，是因强制隔离戒毒行为引发的行政纠纷。

2. 案件法律关系主体

横县公安局是本案中的行政主体，刘生是本案中的行政相对人。

根据《禁毒法》第三十八条规定，由县级以上人民政府公安机关作出强制隔离戒毒的决定。因此，虽然是被告下属的派出所发现原告有吸食毒品的嫌疑并对其进行传唤，但是派出所属于县公安局的派出机构，派出所不能以自己名义作出强制隔离戒毒决定，强制隔离戒毒决定只能依法并由其设立部门——县公安局作出。

# 项目二：证据材料分析

1. 被告提供证据的分析

（1）受案登记表、接报案登记表。该证据属于书证，用于证明被告依法受理原告吸食毒品案。

（2）抓获经过二份。该证据属于书证，用于证明原告、张强到案经过。

（3）被传唤人家属通知书。该证据属于书证，用于证明已依法分别通知了原告、张强的家属。

（4）原告的询问笔录、张强的询问笔录。原告的询问笔录属于当事人陈述，张强的询问笔录属于证人证言，用于证明原告、张强对他们吸毒行为的供述和辩解。

（5）现场检测报告书、吸毒成瘾（严重）认定意见书及告知书各二份、资格证书二份。该组证据除了告知书之外属于鉴定意见，用于证明被告依法依规分别对原告、张强进行尿样检测呈阳性、吸毒成瘾（严重）认定并依法告知的情况。

（6）原告吸毒史证明材料，包含章公（天）社戒决字〔2018〕第0133号《章县公安局责令社区戒毒决定书》，吸毒人员信息详情、动态管控详情。该组证据属于书证，用于证明章县公安局对原告吸毒行为曾经作出过责令社区戒毒、行政拘留等处理情况。

（7）公安行政处罚告知笔录二份。该证据属于书证，用于证明被告依法分别对原告、张强告知了处罚的事实、理由、依据。

（8）公安行政处罚决定书二份、对原告的强制隔离戒毒决定书、对张强的责令社区戒毒决定书各一份。该证据属于书证，用于证明被告分别对原告、张强作出的行政处罚决定，对原告作出了强制隔离戒毒决定，对张强作出了责令社区戒毒决定。

（9）执行凭证、回执。该证据属于书证，用于证明对原告、张强行政处罚处理等执行情况。

（10）行政拘留家属通知书。该证据属于书证，用于证明已及时通知被处罚人原告、张强的家属情况。

（11）户籍证明二份。该证据属于书证，用于证明原告及同案人张强的身份。

2. 原告提供证据的分析

原告仅提供了被告作出的强制隔离戒毒决定书。该证据属于书证，用于证明被告作出的横公（上）强戒决字〔2019〕第 0021 号强制隔离戒毒决定，事实不清，适用法律不当，程序违法，依法应当予以撤销。同时，该证据也可用于证明刘生起诉时具有原告资格。

# 项目三：法律适用分析

本案涉及法律规范包括：《禁毒法》（2008 年 6 月 1 日实施）、《戒毒条例》（2018 年 9 月 18 日实施）、《吸毒成瘾认定办法》（2017 年 4 月 1 日实施）、《公安机关办理行政案件程序规定》（2019 年 1 月 1 日实施，已被修改）。

1.《禁毒法》相关规定

【条文 1】第三十八条　吸毒成瘾人员有下列情形之一的，由县级以上人民政府公安机关作出强制隔离戒毒的决定：

（一）拒绝接受社区戒毒的；

（二）在社区戒毒期间吸食、注射毒品的；

（三）严重违反社区戒毒协议的；

（四）经社区戒毒、强制隔离戒毒后再次吸食、注射毒品的。

对于吸毒成瘾严重，通过社区戒毒难以戒除毒瘾的人员，公安机关可以直接作出强制隔离戒毒的决定。

吸毒成瘾人员自愿接受强制隔离戒毒的，经公安机关同意，可以进入强制隔离戒毒场所戒毒。

【适用】根据该条第二款规定，被告在认定原告"吸毒成瘾严重，通过社区难以解除毒瘾"的情况之下，有权直接作出强制隔离戒毒的决定。

【条文2】第四十条　公安机关对吸毒成瘾人员决定予以强制隔离戒毒的，应当制作强制隔离戒毒决定书，在执行强制隔离戒毒前送达被决定人，并在送达后二十四小时以内通知被决定人的家属、所在单位和户籍所在地公安派出所；被决定人不讲真实姓名、住址，身份不明的，公安机关应当自查清其身份后通知。

被决定人对公安机关作出的强制隔离戒毒决定不服的，可以依法申请行政复议或者提起行政诉讼。

【适用】该条规定要求公安机关作出强制隔离戒毒决定后履行通知被决定人家属的义务，即通知家属是强制隔离戒毒决定作出后的一个法定程序。

【条文3】第四十七条　强制隔离戒毒的期限为二年。

执行强制隔离戒毒一年后，经诊断评估，对于戒毒情况良好的戒毒人员，强制隔离戒毒场所可以提出提前解除强制隔离戒毒的意见，报强制隔离戒毒的决定机关批准。

强制隔离戒毒期满前，经诊断评估，对于需要延长戒毒期限的戒毒人员，由强制隔离戒毒场所提出延长戒毒期限的意见，报强制隔离戒毒的决定机关批准。强制隔离戒毒的期限最长可以延长一年。

【适用】本条是关于强制隔离戒毒期限、解除的规定。

2.《戒毒条例》相关规定

【条文4】第二十五条　吸毒成瘾人员有《中华人民共和国禁毒法》第三十八条第一款所列情形之一的，由县级、设区的市级人民政府公安机关作出强制隔离戒毒的决定。

对于吸毒成瘾严重，通过社区戒毒难以戒除毒瘾的人员，县级、设区的市级人民政府公安机关可以直接作出强制隔离戒毒的决定。

吸毒成瘾人员自愿接受强制隔离戒毒的，经强制隔离戒毒场所所在地县级、设区的市级人民政府公安机关同意，可以进入强制隔离戒毒场所戒毒。强制隔离戒毒场所应当与其就戒毒治疗期限、戒毒治疗措施等作出约定。

【适用】该条第二款是《禁毒法》第三十八条第二款的具体规定，明确了"县级、设区的市级人民政府公安机关"有权直接作出强制隔离戒毒的决定。

3.《吸毒成瘾认定办法》相关规定

【条文5】第六条　公安机关认定吸毒成瘾，应当由两名以上人民警察进行，并在作出人体生物样本检测结论的二十四小时内提出认定意见，由认定人员签名，经所在单位负责人审核，加盖所在单位印章。

有关证据材料，应当作为认定意见的组成部分。

【条文6】第十条　公安机关承担吸毒成瘾认定工作的人民警察，应当同时具备以下条件：

（一）具有二级警员以上警衔及两年以上相关执法工作经历；

（二）经省级公安机关、卫生行政部门组织培训并考核合格。

【适用】该条是有关吸毒成瘾人员认定工作程序以及担任认定工作的人民警察资格的规定。据此，被告在认定原告系吸毒成瘾人员时必须符合相关规定。

【条文7】第七条　吸毒人员同时具备以下情形的，公安机关认定其吸毒成瘾：

（一）经血液、尿液和唾液等人体生物样本检测证明其体内含有毒品成分；

（二）有证据证明其有使用毒品行为；

（三）有戒断症状或者有证据证明吸毒史，包括曾经因使用毒品被公安机关查处、曾经进行自愿戒毒、人体毛发样品检测出毒品成分等情形。

戒断症状的具体情形，参照卫生部制定的《阿片类药物依赖诊断治疗指导原则》和《苯丙胺类药物依赖诊断治疗指导原则》、氯胺酮依赖诊断治疗指导原则确定。

【适用】被告认定原告系吸毒成瘾人员需要经过特定的检测程序予以认定。本案中被告通过对原告的尿样进行检测，结果显示阳性，从而认定原告系吸毒成瘾人员。

【条文8】第八条　吸毒成瘾人员具有下列情形之一的，公安机关认定其吸毒成瘾严重：

（一）曾经被责令社区戒毒、强制隔离戒毒（含《禁毒法》实施以前被强制戒毒或者劳教戒毒）、社区康复或者参加过戒毒药物维持治疗，再次吸食、注射毒品的；

（二）有证据证明其采取注射方式使用毒品或者至少三次使用累计涉及两类以上毒品的；

（三）有证据证明其使用毒品后伴有聚众淫乱、自伤自残或者暴力侵犯他人人身、财产安全或者妨害公共安全等行为的。

【适用】该条为公安机关认定吸毒成瘾严重的法定情形。本案中公安机关通过章公（天）社戒决字〔2018〕第 0133 号《章县公安局责令社区戒毒决定书》、吸毒人员信息详情、动态管控详情等证明原告曾经被责令社区戒毒，即可被认定为吸毒成瘾严重。

4.《公安机关办理行政案件程序规定》相关规定

【条文 9】第五十五条　实施行政强制措施应当遵守下列规定：

（一）实施前须依法向公安负责人报告并经批准。

（二）通知当事人到场，当场告知当事人采取行政强制措施的理由、依据以及当事人依法享有的权利、救济途径。当事人不到场的，邀请见证人到场，并在现场笔录中注明。

（三）听取当事人的陈述和申辩。

（四）制作现场笔录，由当事人和办案人民警察签名或者盖章，当事人拒绝的，在笔录中注明。当事人不在场的，由见证人和办案人民警察在笔录上签名或者盖章。

（五）实施限制公民人身自由的行政强制措施的，应当当场告知当事人家属实施强制措施的公安机关、理由、地点和期限；无法当场告知的，应当在实施强制措施后立即通过电话、短信、传真等方式通知；身份不明、拒不提供家属联系方式或者因自然灾害等不可抗力导致无法通知的，可以不予通知。告知、通知家属情况或者无法通知家属的原因应当在询问笔录中注明。

（六）法律、法规规定的其他程序。

勘验、检查时实施行政强制措施，制作检查笔录，不再制作现场笔录。

【适用】本条是公安机关在办理行政案件中实施行政强制措施应遵循的程序规定。本案中，被告作出强制隔离戒毒决定应遵循该程序规定，履行以下程序规定：告知当事人采取行政强制措施的理由、依据以及当事人依法享有的权利、救济途径，听取当事人的陈述和申辩，并应在实施强制隔离戒毒措施后以一定方式通知原告的家属，否则即构成程序违法。

# 项目四：争议焦点分析

本案争议焦点是被告作出的强制隔离戒毒决定程序是否合法。

1. 是否剥夺了当事人陈述权、申辩权

因原告被认定为"吸毒成瘾严重"人员，被告根据《治安管理处罚法》对原告作出行政拘留决定，根据《禁毒法》作出强制隔离戒毒决定，符合法律规定，并无不当。行政拘留决定属于行政处罚，强制隔离戒毒决定属于行政强制措施，两者是两个不同的行政行为，应同时履行法律规定的完整程序。在行政拘留决定作出过程中，被告在处罚告知笔录中，明确告知了原告拟作出行政处罚的事实、理由，并告知其是否提出陈述、申辩，原告没有提出陈述和申辩。在作出强制隔离戒毒行为过程中，被告并没有告知原告拟作出强制隔离戒毒决定的事实、理由，以及告知其是否提出陈述、申辩。因此，被告作出的强制隔离戒毒行为不符合法律规定的程序，本应予以撤销。然而本案中根据被告提供的证据可以认定被告认定事实清楚、证据确凿，原告应被强制隔离戒毒，即使撤销了被诉强制隔离戒毒决定，被告履行了完整行政强制措施实施程序之后仍会作出同样的行政行为，原告若再次对重新作出的强制隔离戒毒行为提起诉讼，再经一、二审程序，终审判决驳回原告诉讼请求。这样的结果只能是造成行政程序、司法程序的空转，浪费行政资源和司法资源，给国家利益和社会公共利益造成重大损失，同时还可能激化当事人之间的矛盾，不利于行政纠纷的化解。故根据《行政诉讼法》（2017 年修正）第七十四条第一款第一项"行政行为依法应当撤销，但撤销会给国家利益、社会公共利益造成重大损害的"判决确认违法但不撤销行政行为之规定，应依法判决确认被诉强制隔离戒毒行为违法，但不撤销该行政行为，保留其法律效力。

2. 是否已通知当事人家属

关于被告未依照《禁毒法》第四十条规定，在强制隔离戒毒决定书送达被决定人后二十四小时以内通知被决定人的家属的问题，因原告家属实际已经陪同原告去戒毒所，对原告被强制隔离戒毒的情况已经知晓，故根据《行政诉讼法》第七十四条第一款第二项"行政行为程序轻微违法，但对原告权利不产生实际影响的"之规定、《最高人民法院关于适用〈中华人民共和国行政诉讼法〉的解释》第九十六条第三项"其他程序轻微违法且对原告依法享有的听证、陈述、申辩等重要程序性权利不产生实质损害的，属于行政诉讼法第七十四条第一款第二项规定的'程序轻微违法'"之规定，本案中被告未依法通知当事人家属的问题构成程序轻微违法，应予以指正，但不构成撤销被诉行政行为的理由。

3. 法律适用是否正确

被告被诉强制隔离戒毒决定书中适用《禁毒法》第四十七条，但没有明确具体到第四十七条第一款，即适用的法律条文未具体到款项，属于适用法律不准确，但不影响该行政行为的效力，应予以补正，不构成撤销被诉行政行为的理由。

## 三、延伸思考

本案中，被告未依法通知当事人家属的问题构成程序轻微违法，法院并未撤销被诉行政行为。行政案件中的"程序轻微违法"虽属于"违反法定程序"的一种情形，但是进入司法程序之后，可能会导致不同的判决结果。因此，我们应注意甄别行政行为的程序违法是否属于"程序轻微违法"的情形。

1. "程序轻微违法"入法的历程

1989 年《行政诉讼法》并未规定"程序轻微违法"，只是第五十四条第二项中将"违反法定程序"作为被诉行政行为可以撤销的情形之一。

2000 年《最高人民法院关于执行〈中华人民共和国行政诉讼法〉若干问题的解释》第五十六条中新增了"驳回原告诉讼请求"的判决，其中"其他应当判决驳回诉讼请求的情形"在司法实践中通常理解为包括程序轻微违法但没有侵害原告实体合法权益的情形。

2014 年修正的《行政诉讼法》第六十九条明确规定了驳回原告诉讼请求的适用情形，不再有兜底条款，而明确规定的情形中并没有程序轻微违法的情形。与此同时，在第七十四条第一款第二项中首次引入了"程序轻微违法"的概念，规定行政行为程序轻微违法，但对原告权利不产生实际影响的，适用确认违法判决，不撤销被诉行政行为。

2017 年《最高人民法院关于适用〈中华人民共和国行政诉讼法〉的解释》第九十六条规定了"程序轻微违法"的识别标准。

2. "程序轻微违法"的识别标准

2017 年行政诉讼法司法解释第九十六条从正反两个方面规定了"程序轻微违法"。

（1）不属于"程序轻微违法"的情形。行政行为存在的程序违法情形对原告依法享有的听证、陈述、申辩等重要程序性权利产生实质损害的，不属于"程序轻微违法"。根据该条条文列举性的表述，属于"对重要程序性权利产生实质损害的程序违法"主要包括：未依法听证、未听取当事人陈述、申辩等情形。

（2）属于"程序轻微违法"的情形。行政行为存在的程序违法未对原告权利依法享有的听证、陈述、申辩等重要程序性权利产生实际影响的，通过补正不影响行政行为实体内容正确性的均属于"程序轻微违法"。根据该条的列举规定，主要包括以下情形：处理期限轻微违法；通知、送达等程序轻微违法；其他程序轻微违法的情形。

3. "程序轻微违法"的法律后果

存在属于"程序轻微违法"的情形，被诉行政行为将被法院判决确认为违法行政行为，即被告败诉，应当采取补救措施，承担败诉的法律后果，如行政赔偿责任、承担诉讼费用等。与此同时，被诉行政行为仍然具有法律效力，对当事人具有拘束力。

# 模块四
# 政府信息公开案例研习

# 案例 1　罗一等诉洪县地方海事处政府信息公开案<sup></sup>

## 一、基本案情

　　罗一是兴运 2 号船的船主，在乌江流域从事航运、采砂等业务。2014年 11 月 17 日，其通过邮政特快专递与孙维奎等人共同向洪县地方海事处邮寄书面政府信息公开申请书，具体申请的内容为："1.公开洪县港航管理处、海事处的设立、主要职责、内设机构和人员编制的文件；2.公开下列事故的海事调查报告等所有事故材料：鑫源 306 号在 2008 年 5 月 1日、2010 年 7 月 11 日的 2 起安全事故，鑫源 308 号在 2008 年 5 月 13 日、2008 年 7 月 1 日的 2 起安全事故，兴运 2 号在 2008 年 5 月 18 日、2008年 9 月 30 日的 2 起安全事故，长鸿 2 号在 2008 年 6 月 18 日、2008 年 8月 6 日的 2 起安全事故，高谷 5 号在 2008 年 9 月 11 日、2009 年 5 月 1日的 2 起安全事故，高谷 6 号在 2008 年 8 月 19 日的安全事故，高谷 8 号在 2009 年 5 月 12 日的安全事故，高谷 16 号在 2009 年 7 月 30 日的安全事故，高谷 18 号在 2009 年 2 月 1 日的安全事故，高谷 19 号在 2009 年 6月 30 日的安全事故，高谷 28 号在 2009 年 5 月 1 日的安全事故，荣华号在 2008 年 9 月 1 日的安全事故。"洪县地方海事处于 2014 年 11 月 19 日

---

❶ 本案参考（2015）彭法行初字第 00008 号罗元昌与重庆市彭水苗族土家自治县地方海事处政府信息公开一审行政判决书编写，http://wenshu.court.gov.cn/website/wenshu/181107ANFZ0BXSK4/index.html?docId=5b3840239a994e8886af2c76805af5f9，中国裁判文书网，内容有所删改。

签收申请书。尽管罗一提交了该政府信息系由洪县地方海事处制作或者保存的相关线索等初步证据，但该局未在法定期限内对罗一进行答复。

2015 年 1 月 8 日，罗一不服向洪县人民法院提起诉讼。

2015 年 1 月 23 日，洪县地方海事处作出（2015）洪海处告字第 006 《政府信息告知书》。

## 二、案例研习

### 项目一：法律关系分析

1. 案件性质

此案属于政府信息公开案，具体而言，是因政府信息公开答复行为引发的行政诉讼案件。

2. 案件法律关系主体

洪县地方海事处是本案中的行政主体；罗一是本案中的行政相对人。

《中华人民共和国内河交通安全管理条例》（2011 年修订）（以下简称《内河交通安全条例》）第四条第二款规定："国务院交通主管部门在中央管理水域设立的海事管理机构和省、自治区、直辖市人民政府在中央管理水域以外的其他水域设立的海事管理机构（以下统称海事管理机构）依据各自的职责权限，对所辖内河通航水域实施水上交通安全监督管理。"因此，洪县地方海事处作为地方海事管理机构对所辖内河通航水域有水上交通安全监督管理职权。另外，《中华人民共和国政府信息公开条例》（2008 年实施）（以下简称《政府信息公开条例》）第十七条规定："行政机关制作的政府信息，由制作该政府信息的行政机关负责公开；行政机关从公民、法人或者其他组织获取的政府信息，由保存该政府信息的行政机关负责公开。法律、法规对政府信息公开的权限另有规定的，从其规定。"因此，洪县地方海事处作为罗一申请公开政府信息的制作机关，是适格的信息公开义务主体。

# 项目二：证据材料分析

## 1. 被告提供证据的分析

第一组证据：（1）组织机构代码；（2）法定代表人身份证明；（3）授权委托书；（4）律所函。该组证据属于书证，证明被告应诉手续完备。

第二组证据：（5）（2015）洪海处告字第 001—010 号《政府信息告知书》及邮政特快专递单；（6）洪编发（2008）11 号文件，证明县港航管理处与县地方海事处是"一班人马，两块牌子"。该组证据属于书证，证明被告已对原告的政府信息公开申请进行回复。

我们认为，被告提供的证据不能支持其辩称的观点，反而可以证明其负有公开的义务，并且应该在法定期限内予以公开。

## 2. 原告提供证据的分析

第一组证据：（1）政府信息公开申请书一份；（2）全球邮政特快专递单一份；（3）全球邮政特快专递查询单一份。证明原告于 2014 年 11 月 17 日通过邮政特快专递向被告申请信息公开，被告于 2014 年 11 月 19 日签收。

第二组证据：（4）乌江水电站断航碍航问题调查评估报告 1 份；（5）洪县地方海事处关于 6 月 6 日鸿福 618 等船舶搁浅事故的情况汇报 1 份；（6）洪县地方海事处关于近两年因乌江万足水电站不定时蓄水造成船舶搁浅事故的情况报告 1 份；（7）关于大唐国际水电站因蓄放水造成鑫源

306 轮、鑫源 308 轮海损事故证明 1 页；（8）民事判决书 9 份；（9）乌江水电站断航碍航问题的三次说明。证明原告申请公开的政府信息所涉及的 17 起安全事故客观存在。

第三组证据：（10）政府信息告知书 9 份；（11）邮件快递单；（12）邮件快递查询单。证明被告明确收到原告委托代理人王前进律师的政府信息公开申请书，被告的信息告知书均是寄给王前进律师的，所以原告的政府信息公开申请是合法的。

我们认为，原告虽然在申请书当中没有附原告的授权委托书，但通过申请书中的有效内容被告可以知道是原告委托了王前进做代理人，原告是适格的申请人。另外，原告所举证据能充分证明其所申请公开的事故是客观存在的，基于此，被告应该依照相关法律规定公开相关信息。

# 项目三：法律适用分析

本案涉及法律规范包括：《政府信息公开条例》（2008 年 5 月 1 日实施，已被修改）、《内河交通安全管理条例》（2011 年 1 月 8 日实施，已被修改）、《中华人民共和国内河交通事故调查处理规定》（2012 年 3 月 14 日实施）。

1.《政府信息公开条例》相关规定

【条文 1】第二条　本条例所称政府信息，是指行政机关在履行职责过程中制作或者获取的，以一定形式记录、保存的信息。

【适用】本条是对政府信息定义的规定。本案首先涉及对政府信息的理解，在此基础上再去区分哪些应该主动公开，哪些属于依申请公开。

【条文 2】第六条　行政机关应当及时、准确地公开政府信息。行政机关发现影响或者可能影响社会稳定、扰乱社会管理秩序的虚假或者不完整信息的，应当在其职责范围内发布准确的政府信息予以澄清。

【适用】本条是关于行政机关公开政府信息的及时性、准确性的规定。被告在公开政府信息时应该遵守此规定。

【条文3】第九条　行政机关对符合下列基本要求之一的政府信息应当主动公开：

（一）涉及公民、法人或者其他组织切身利益的；

（二）需要社会公众广泛知晓或者参与的；

（三）反映本行政机关机构设置、职能、办事程序等情况的；

（四）其他依照法律、法规和国家有关规定应当主动公开的。

【适用】本条是对政府信息主动公开范围的一般性、原则性要求的规定。本案中原告请求公开县地方海事处的设立、主要职责、内设机构和人员编制的文件，就属于被告依职权主动公开的范围。

【条文4】第十三条　除本条例第九条、第十条、第十一条、第十二条规定的行政机关主动公开的政府信息外，公民、法人或者其他组织还可以根据自身生产、生活、科研等特殊需要，向国务院部门、地方各级人民政府及县级以上地方人民政府部门申请获取相关政府信息。

【适用】本条是对依申请公开政府信息的范围的规定。政府所掌握的信息量大、涉及面广，如果都主动公开则其成本过大，社会也没有相应的需求。为满足一部分人和事务的生产、生活和科研需要，便有了依申请公开这样一项制度。本案中罗一申请的公开的事项中，第二项即对事故材料的公开申请就属于依申请公开的事项。

【条文5】第二十一条　对申请公开的政府信息，行政机关根据下列情况分别作出答复：

（一）属于公开范围的，应当告知申请人获取该政府信息的方式和途径；

（二）属于不予公开范围的，应当告知申请人并说明理由；

（三）依法不属于本行政机关公开或者该政府信息不存在的，应当告知申请人该行政机关的名称、联系方式；

（四）申请内容不明确的，应当告知申请人作出更改、补充。

【适用】本条是关于行政机关如何处理政府信息公开申请的规定。被告针对申请人提出的政府信息负有作出回应的义务，同时应当对申请人所需要的政府信息进行查找，然后根据不同的查找结果，答复申请人。

【条文6】第二十四条　行政机关收到政府信息公开申请，能够当场答复的，应当当场予以答复。

行政机关不能当场答复的，应当自收到申请之日起15个工作日内予以答复；如需延长答复期限的，应当经政府信息公开工作机构负责人同意，并告知申请人，延长的期限最长不得超过15个工作日。

申请公开的政府信息涉及第三方权益的，行政机关征求第三方意见所需时间不计算在本条第二款规定的期限内。

【适用】本条是关于行政机关答复政府信息公开申请人的时限制度的规定。被告应当遵照一般时限，即能够当场答复的，应当当场予以答复。不能当场答复的，应当在收到申请之日起15个工作日内予以答复。本案中被告自收到申请书到作出《政府信息告知书》已经超过了法定期限。

2.《内河交通事故调查处理规定》相关规定

【条文7】第十六条　海事管理机构接到内河交通事故报告后，应当立即派员前往现场调查、取证，并对事故进行审查，认为确属内河交通事故的，应当立案。

对于经审查尚不能确定是否属于内河交通事故的，海事管理机构应当先予立案调查。经调查确认不属于内河交通事故的，应当予以撤销。

【适用】本条是关于海事管理机构调查义务的规定。本案中洪县地方海事处对于河道内发生的交通事故负有调查义务，且对调查结果有保存和信息公开义务。

【条文8】第二十九条　事故调查、取证结束后，海事管理机构应当制作《内河交通事故调查报告》。《内河交通事故调查报告》应当包括下列内容：

（一）船舶、浮动设施概况（包括其名称、主要技术数据、证书、船员及所载旅客、货物等）；

（二）船舶、浮动设施所属公司情况（包括其所有人、经营人或者管理人的名称、地址等）；

（三）事故发生的时间和地点；

（四）事故发生时水域的水文、气象、通航环境情况；

（五）事故搜救情况；

（六）事故损失情况；

（七）事故经过；

（八）事故原因分析；

（九）事故当事人责任认定；

（十）安全管理建议；

（十一）其他有关情况。

经海事管理机构认定的案情简单、事实清楚、因果关系明确的小事故，海事管理机构可以简化调查程序。简化调查程序的具体规定由中华人民共和国海事局另行制定。

【适用】被告洪县海事处作为适格的海事管理机构，应当在接到内河交通事故报告后按照法定程序及时调查取证并制作《内河交通事故调查报告》。本案中洪县海事处是原告申请公开信息的制作主体，根据《政府信息公开条例》第十三条的规定负有公开该项信息的义务。

【条文9】第三十三条　海事管理机构应当在内河交通事故调查、取证结束后30日内作出《事故调查结论》，并书面告知当事船舶、浮动设施的所有人或者经营人。

【适用】被告洪县海事处应该依照以上规定在法定时间内作出处理，并制作完整准确的《事故调查结论》。因此，《事故调查结论》是原告申请公开的事故相关材料的组成部分，被告是该项信息的制作主体，负有公开的义务。

# 项目四：争议焦点分析

本案的争议焦点有两个：一是原告是否有效地向被告提出了政府信息公开申请；二是被告是否存在不履行法定职责的行为。

1. 原告是否有效地向被告提出了政府信息公开申请

原告罗一等人共同向被告邮寄了政府信息公开的书面申请，申请书载明申请人系罗一的代理人王前进，并载明了其联系方式和电话，申请书后有原告人的签名和捺印。虽然没有附授权委托书，但申请书中末尾申请人栏有原告的签名和捺印，认可王前进作为代理人的事实，则申请人虽载明系王前进，但视为原告罗一向被告提出的申请。被告提出不是原告本人的签名问题，因原告声称申请书上的签名系他人代签，并且认可代签行为，亦能确认原告作为申请人向被告提出政府信息公开申请的事实。被告提出申请书上的内容不明确，不清楚原告罗一到底所属哪一个船名的船主，无法进行回复的意见，这样的理由是不成立的。具体而言，申请书中有原告代理人王前进的联系电话及地址，如果被告认为某项内容不明确，是能够通过申请书载明的方式和地址联系王前进获取相关的信息的。且被告作为航道行政管理部门，对辖区的船舶的登记情况应该是比较了解的，因此被告辩称的原告作为船主身份授权无法核实的答辩意见不成立。进而，我们认为原告已经通过邮寄的方式有效地向被告提出了政府信息公开申请。

2.被告是否存在不履行法定职责的行为

根据《政府信息公开条例》第二条、第六条、第九条、第十三条、第二十一条、第二十四条的规定，政府信息是指行政机关在履行职责过程中制作或者获取的，以一定形式记录、保存的信息。除行政机关应主动公开的政府信息外，公民、法人或者其他组织还可以根据自身生产、生活、科研等特殊需要，向国务院部门、地方各级人民政府及县级以上地方人民政府部门申请获取相关政府信息。属于公开范围的政府信息，行政机关应当告知申请人获取该政府信息的方式和途径；属于不予公开范围的政府信息，行政机关应当告知申请人并说明理由。依法不属于本行政机关公开或者该政府信息不存在的，应当告知申请人。申请内容不明确的，应当告知申请人作出更改、补充。行政机关收到政府信息公开申请，不能当场答复的，应当自收到申请之日起15个工作日内予以答复。本案中，2014年11

月 17 日原告罗一等人通过邮寄方式向被告洪县地方海事处提出政府信息公开申请，内容是明确的，其中第一项属主动公开的信息，第二项属依申请公开的信息，被告认为申请内容不明确及海事调查报告等材料不属于海事信息不予公开的理由不成立。被告洪县地方海事处于 2014 年 11 月 19 日收到申请后，未在法定期限内予以答复。直到原告起诉后，即 2015 年 1 月 23 日被告才作出（2015）洪海处告字第 006《政府信息告知书》，已经超过 15 天的法定期限。

综合以上，原告向被告提交政府信息公开申请，要求被告在法定期限内向申请人提供申请的书面材料或回复，被告收到申请后，未根据《政府信息公开条例》第二十一条和第二十四条的规定在法定期限内对原告的申请进行答复，其行为违法。

## 三、延伸思考

本案一审判决结果最终确认，被告在收到原告的政府信息公开申请后未在法定期限内进行答复的行为违法。

本案属于政府信息公开案件，是行政诉讼案件的重要组成部分。在该类案件中，"政府信息"的界定是一个重要问题。根据《政府信息公开条例》（2008 年实施）第二条"本条例所称政府信息，是指行政机关在履行职责过程中制作或者获取的，以一定形式记录、保存的信息"的规定，罗一申请公开洪县港航处、洪县地方海事处的设立、主要职责、内设机构和人员编制的文件，属于洪县地方海事处在履行职责过程中制作或者获取的，以一定形式记录、保存的信息，当属政府信息。罗一申请公开涉及兴运 2 号船等船舶发生事故的海事调查报告等所有事故材料的信息，根据《内河交通事故调查处理规定》的相关规定，船舶在内河发生事故的调查处理属于海事管理机构的职责，其在事故调查处理过程中制作或者获取的，以一定形式记录、保存的信息属于政府信息。洪县地方海事处作为洪县的海事管理机构，负有对洪县行政区域内发生的内河交通事故进行立案调查处理的职责，其在事故调查处理过程中制作或者获取的，以一定形式记录、保存的信息亦属于政府信息。被告对原告申请的公开的信息负有公开的义务。2019 年修订的《政府信息公开条例》所称政府信息，是指行政机关在履行行政管理职能过程中制作或者获取的，以一定形式记录、保存的信息。与旧条例相比，将"履行职责过程中"改为"履行行政管理职能过程中"的表述更加明确和具体，统一了各方关于原条例"履行职责"的不同理解。

该案中另外一个重点是法院该如何判定被告所辩称的"政府信息不存在"。在政府信息公开案件中，被告以政府信息不存在为由答复原告的，人民法院应审查被告是否已经尽到充分合理的查找、检索义务。原告提交了该政府信息系由被告制作或者保存的相关线索等初步证据后，若被告不能提供相反证据，并举证证明已尽到充分合理的查找、检索义务的，人民法院不予支持被告有关政府信息不存在的主张。本案中被告县地方海事处作出《政府信息告知书》载明：对申请公开的海事调查报告等所有事故材料经查该政府信息不存在。但被告没有举证证明自己已经尽到充分合理的查找、检索义务，所以最终法院不予支持被告有关政府信息不存在的主张。

# 案例 2  王示禾诉 H 区房地产管理局 政府信息公开案[1]

## 一、基本案情

2012 年 1 月 13 日，王示禾曾向 H 区基层法院提起行政诉讼，请求法院确认区房地产管理局作出的编号 2011-013 涉及第三方权益告知书违法并予以撤销，同时判令被告向原告王示禾提供所申请的政府信息。2012 年 11 月 7 日，区基层法院经审理作出（2012）H 行初字第 38 号行政判决书，判决撤销 H 区房地产管理局作出的编号：2011-013 涉及第三方权益告知书并重新作出政府信息公开答复。判决书生效后，王示禾依据（2012）H 行初字第 38 号行政判决书，申请区房地产管理局对 J 公司和区土地整理中心签订的委托拆迁协议和支付给 H 区土地整理中心相关费用的信息，重新作出政府信息公开答复。H 区房地产管理局于 2013 年 11 月 7 日收到（2012）H 行初字第 38 号行政判决书后，于 2013 年 11 月 27 日向 J 公司发出《政府信息公开答复函》，要求 J 公司予以答复。J 公司于 2013 年 11 月 29 日答复称申请的信息属于该公司的商业秘密，不同意公开该信息。H 区房地产管理局于 2013 年 12 月 9 日作出编号 2013-027《答复告知书》，告知王示禾其申请的信息属于商业秘密，不予公开。

---

[1] 本案参考天津市和平区人民法院（2014）和行初字第 103 号王宗利与天津市和平区房地产管理局信息公开一审行政判决书编写，https://wenshu.court.gov.cn/website/wenshu/181107ANFZ0BXSK4/index.html?docId=4d9ff62791b84c9aa86bfb206f1f0fb0，中国法院裁判文书网，内容有所修改。

王示禾于 2013 年 12 月 9 日收到《答复告知书》，对该答复告知书不服，向市国土资源和房屋管理局提出行政复议申请，市国土资源和房屋管理局于 2014 年 3 月 19 日作出 J 国土房复决字（2014）第 4 号《行政复议决定书》，维持了区房地产管理局作出的 2013-027《答复告知书》。2014 年 6 月 9 日，王示禾不服，诉至区基层法院。

## 二、案例研习

### 项目一：法律关系分析

1. 案件性质

本案属于政府信息公开案，具体而言是因原告王示禾认为被告区房地产管理局不履行政府信息公开职责引发的行政诉讼。

2. 案件法律关系主体

区房地产管理局是政府信息公开法律关系中的行政主体，作为行政诉讼中的被告；王示禾是政府信息公开法律关系的行政相对人，作为行政诉讼中的原告；J 公司是政府信息公开法律关系的利害关系人，作为行政诉讼中的第三人。

《政府信息公开条例》（2008 年 5 月 1 日实施，已被修改）第二条规定："本条例所称政府信息，是指行政机关在履行职责过程中制作或者获取的，以一定形式记录、保存的信息。"原告王示禾申请公开的委托拆迁协议等信息，其中协议一方是作为 H 区房地产管理局隶属机构的区土地整理中心，且内容属于区房地产管理局的行政职责，因此该申请信息属于政府信息。第十三条规定："除本条例第九条、第十条、第十一条、第十二条规定的行政机关主动公开的政府信息外，公民、法人或者其他组织还可以根据自身生产、生活、科研等特殊需要，向国务院部门、地方各级人民政府及县级以上地方人民政府部门申请获取相关政府信息。"因此，区房地产管理局作为县级以上地方政府部门，是政府信息公开法律关系中的行政主体，是行政诉讼中的适格被告。

## 项目二：证据材料分析

### 1.被告提供证据的分析

本案是原告诉被告不依法履行政府信息公开义务的案件，被告在本案中向法院提交了以下证据：

（1）被告制作的《答复告知书》（编号：2013-027）。该证据属于书证，也是本案的被诉行政行为，证明被诉行政行为实体与程序的合法性。

（2）国土房复决字（2014）第4号行政复议决定书。该证据属于书证，证明市房管局经审理作出维持被诉行政行为的行政复议决定，认定被诉行政行为合法。

（3）《政府信息公开答复函》及J公司答复。该证据属于书证，证明因申请公开的政府信息涉及第三方J公司的商业秘密，被告已经向第三方J公司征询意见，且第三人J公司答复不同意公开的相关情况。

（4）J公司内部信息披露制度。该证据属于书证，证明原告申请公开的政府信息属于J公司的商业秘密。

### 2.原告提供证据的分析

（1）《答复告知书》（编号：2013-027）。该证据属于书证，证明被诉行政行为的存在，以及被告的答复存在不依法履行政府信息公开义务的情况。

（2）J国土房复决字（2014）第4号《行政复议决定书》。该证据属于书证，证明原告曾申请复议，作为复议机关的市房管局维持了被诉行政行为的效力。

（3）《关于成立区土地整理中心的通知》（H房党组通〔2011〕10号）。该证据属于书证，证明区土地整理中心的成立时间是2011年。

（4）J国土房拆许字（2007）第011号《房屋拆迁许可证》。该证据属于书证，证明H区土地整理中心在该《房屋拆迁许可证》上盖章。

证据（3）、证据（4）共同证明区土地整理中心于2011年成立，但在2007年已在上述拆迁许可证上盖章并接受J公司委托拆迁。

（5）H荣（挂）2009-173《土地出让公告》（复印件）。该证据属于书证，证明J公司获得土地使用权的情况，是被拆迁地块的合法使用权人。但该证据法院无法确认其真实性，且与本案的证明对象不具有关联性，法院应不予认定。

（6）《关于责令王示禾等限期搬迁的决定》（H政拆令〔2010〕1号）。该证据属于书证，证明该文件2010年1月发出，当时原告仍在拆迁房屋居住。

（7）《房屋拆迁委托合同》。该证据属于书证，证明J公司办理委托合同的样式不规范。

本案的审理对象是被告的不予公开政府信息的决定是否合法，因此原告提交的证据（3）、证据（4）、证据（6）、证据（7）与本案的证明对象不具有关联性，故法院应不予认定。

# 项目三：法律适用分析

本案涉及法律规范包括：《政府信息公开条例》（2008 年 5 月 1 日实施，已被修改）、《最高人民法院关于审理政府信息公开行政案件若干问题的规定》（2011 年 8 月 13 日实施）、《行政诉讼法》（1990 年 10 月 1 日实施，已被修改）。

1.《政府信息公开条例》相关规定

【条文 1】第二十一条 对申请公开的政府信息，行政机关根据下列情况分别作出答复：

（一）属于公开范围的，应当告知申请人获取该政府信息的方式和途径；

（二）属于不予公开范围的，应当告知申请人并说明理由；

（三）依法不属于本行政机关公开或者该政府信息不存在的，应当告知申请人，对能够确定该政府信息的公开机关的，应当告知申请人该行政机关的名称、联系方式；

（四）申请内容不明确的，应当告知申请人作出更改、补充。

【适用】对原告申请公开的政府信息，被告认为属于不予公开范围的，应当告知作为申请人的原告并说明理由。被告在对原告作出的《答复告知书》中告知其申请的信息由于涉及第三方 J 公司的商业秘密，属于不公开的范围，符合该条相关规定。

【条文 2】第二十三条 行政机关认为申请公开的政府信息涉及商业秘密、个人隐私，公开后可能损害第三方合法权益的，应当书面征求第三方的意见；第三方不同意公开的，不得公开。但是，行政机关认为不公开可能对公共利益造成重大影响的，应当予以公开，并将决定公开的政府信息内容和理由书面通知第三方。

【适用】被告已向第三方 J 公司送达《政府信息公开答复函》征求其是否同意公开的意见，且已收到第三方 J 公司不同意公开的答复，因此可以认定被告曾履行征求第三方意见的程序。

2.《最高人民法院关于审理政府信息公开行政案件若干问题的规定》相关规定

【条文3】第五条第一款　被告拒绝向原告提供政府信息的，应当对拒绝的根据以及履行法定告知和说明理由义务的情况举证。

【适用】被告作出不予公开决定的，应对原告申请公开政府信息涉及商业秘密的根据以及履行法定告知和说明理由义务的情况负有举证义务。被告向法院提供了对原告作出的《答复告知书》（编号：2013-027），其内容显示因涉及商业秘密且第三方不同意公开，故被告对原告申请的政府信息不予公开，该证据已经证明被告已向原告履行了告知义务和说明理由义务。但是，被告未向法院提交原告申请公开政府信息涉及商业秘密的任何证据，因此被告的举证不符合本条的规定，未完全尽到举证义务。

3.《行政诉讼法》相关法条

【条文4】第五十四条　人民法院经过审理，根据不同情况，分别作出以下判决：

（一）具体行政行为证据确凿，适用法律、法规正确，符合法定程序的，判决维持。

（二）具体行政行为有下列情形之一的，判决撤销或者部分撤销，并可以判决被告重新作出具体行政行为：

1.主要证据不足的；

2. 适用法律、法规错误的；

3. 违反法定程序的；

4. 超越职权的；

5. 滥用职权的。

（三）被告不履行或者拖延履行法定职责的，判决其在一定期限内履行；

（四）行政处罚显失公正的，可以制决变更。

【适用】被告未完全履行举证义务，属于"主要证据不足"，故法院应作出撤销判决，并可以判决被告重新作出具体行政行为。

# 项目四：争议焦点分析

本案的焦点为涉及商业秘密的政府信息的公开问题以及征求第三方意见程序的适用。

根据《政府信息公开条例》（2008 年 5 月 1 日实施，已被修改）的规定，涉及商业秘密的政府信息同样面临着保密的问题。被告 H 区房管局在审查王示禾的政府信息公开申请过程中，应对申请公开的政府信息是否属于商业秘密进行判定和核实，在认定申请公开的政府信息确实属于商业秘密的基础之上，可以向公开后可能损害其利益的第三方征求是否同意公开的意见，进而在第三方不同意公开的情形之下决定不予公开该政府信息。同时，在诉讼中应向法院提交该政府信息，并承担证明该政府信息属于商业秘密的证据，是否属于商业秘密由法院进行审查。然而，本案中被告 H 区房管局审查原告王示禾的政府信息公开申请后，只给第三人 J 公司送达了一份第三方意见征询函，并没有对王示禾申请公开的政府信息是否涉及商业秘密进行调查核实。与此同时，在诉讼中被告 H 区房管局也未向法院提供该政府信息以及涉及商业秘密的任何证据，使法院无法判断原告王示禾申请公开的政府信息是否涉及第三人的商业秘密，故被告向法院提供的证据无法证明其不予公开答复的合法性。

## 三、延伸思考

本案取材真实案例，其一审审理结果是法院以"证据不足，明显不当"为由作出撤销判决，并责令被告在本判决生效后 30 日内，重新作出政府信息公开答复。一审判决作出后，被告不服上诉，二审法院经审理作出"驳回上诉，维持原判"的终审判决。

### 1. 涉及商业秘密的政府信息公开案件如何进行审查

本案争议的焦点是涉及商业秘密的政府信息公开案件的审查问题。无论是案件发生时适用的《政府信息公开条例》，还是 2019 年 5 月 15 日施行的修订后的《政府信息公开条例》，均将涉及商业秘密的政府信息作为行政机关公开政府信息的例外情形。但是，行政机关在政府信息公开实践中，有时会滥用该项例外情形作出不予公开的决定。《反不正当竞争法》第九条第四款明确规定："本法所称的商业秘密，是指不为公众所知悉、具有商业价值并经权利人采取相应保密措施的技术信息、经营信息等商业信息。"因此，商业秘密的内涵有严格的法律界定，判定是否属于商业秘密的问题应由行政机关接到政府信息公开申请后进行严格审查评判，而不能简单通过征询第三方是否同意公开的意见来作出最后的认定。以涉及商业秘密为由不予公开的决定一旦进入诉讼阶段，作为被告的行政机关也应向法院提供相应的证据证明该政府信息涉及商业秘密的判断根据，否则法院将可能认定行政机关作出不予公开的决定缺乏相应的证据，进而否定该决定的合法性。

**2.被告怠于诉讼的行为，应承担何种法律责任**

本案中的被诉行政行为并非被告首次作出，而是被告依据先前已生效判决重新作出的行政行为。被告在上一次诉讼中，因不向法院提供认定涉及商业秘密的证据，法院判决撤销了被告的行政行为，要求其重新作出政府信息公开答复，然而被告在已有生效判决的基础上，仍然不向法院提供相应的证据，属于怠于履行诉讼义务的行为。《行政诉讼法》中，如果被告怠于履行诉讼义务，例如怠于履行举证义务，除了认定举证不能进而撤销被诉行政行为之外，并没有其他法律责任的规定，因此在本案中法院也只能是在判决中对该行为进行"批评"而已。笔者认为，该种怠于履行诉讼义务的行为其实质是被告怠于行使行政职责的一种表现，应该予以否定，并可以参照拒绝履行法院判决的相关规定，由人民法院向监察机关、被诉行政机关的上一级行政机关提出司法建议。

**3.政府信息公开案件是否可以适用简易程序进行审理**

2014 年修订的《行政诉讼法》在审理程序中增加一节内容，专节规定了简易程序。简易程序，是指特定的人民法院在审理事实清楚、权利义务关系明确、争议不大的行政案件时适用的一种简便易行的诉讼程序。简易程序较之于普通程序而言，由一名审判员独任审理，在通知方式、送达方式、审理程序、审理期限等方面都作了简化。对于当事人而言，适用简易程序有利于降低当事人的诉讼成本，保护当事人的合法权益；对于人民法院而言，适用简易程序有利于优化配置司法资源，提高行政诉讼的效率。《政府信息公开条例》颁布实施之后，政府信息公开案件的数量不断攀升，特别是近年来案件增长迅猛，甚至有被滥用的趋势。与此同时，政府信息公开案件一般事实清楚、权利义务关系明确，因此 2014 年修订的《行政诉讼法》将政府信息公开案件作为法定适用简易程序的案件类型之一。本案发生时，虽然《行政诉讼法》尚未规定有简易程序的内容，但是根据《最高人民法院关于开展行政诉讼简易程序试点工作的通知》〔法（2010）446 号〕中"适用简易程序审理的案件，经当事人同意，人民法院可以实行独任审理"的规定，经双方当事人同意，一审法院决定适用简易程序由一名审判员独任审理本案符合上述规定，并无不当。

# 模块五
# 行政复议案例研习

# 案例1　马某某不服 J 县公安局
# 行政处罚复议案

## 一、基本案情

2004 年 1 月 8 日晚，S 省 J 县 J 乡派出所民警李某与聘用司机周某开着一辆面包车来到该乡一家美容美发店，称有人举报马某某有卖淫行为，特来传唤马某某到派出所接受讯问。李某出示警官证后，便将正在看电视的 19 岁的马某某带回派出所。李某先对马某某进行讯问，马某某一口否认，认为举报不实，并无此事。李某认为马某某狡辩，态度不好。李某授意司机周某接替自己继续讯问后去休息，马某某面对周某的讯问仍然否认。此后，李某与周某两人用威胁、恫吓、殴打的手段逼迫马某某承认，再次遭到拒绝后，两人将马某某背铐在派出所篮球架杆上，直到第二天被所长解下。马某某在第二天承认自己有卖淫行为，并在讯问笔录上签上自己的名字。讯问 23 小时后，1 月 9 日，J 县公安局出具了一份《治安管理处罚裁决书》，该裁决书上载明马某某性别是男，案由是嫖娼，处罚内容是拘留 15 天，落款时间是 2 月 9 日。马某某不服该行政处罚，遂向 X 市公安局申请行政复议。为证清白，马某某自己去医院做了检查，证明自己还是处女。2 月 9 日，X 市公安局有关人员又将马某某带到医院进行检查，医院再次证明马某某是处女，X 市公安局遂撤销了 J 县公安局的违法裁决。

# 二、案例研习

## 项目一：法律关系分析

### 1. 案件性质

此案属于因行政拘留处罚引发的行政复议案件。

行政复议，是指公民、法人或者其他组织认为行政主体的具体行政行为违法或不当，侵犯其合法权益，依法向主管行政机关提出复查该具体行政行为的申请，行政复议机关依照法定程序对被申请的具体行政行为进行合法性、适当性审查，并作出行政复议决定的一种法律制度。

### 2. 案件法律关系主体

马某某是行政复议申请人，J 县公安局是行政复议被申请人。根据法律规定，J 县公安局的上级机关为 X 市公安局和 J 县人民政府，这两个行政机关均有权对此案进行管辖。马某某选择向 X 市公安局申请复议，因此 X 市公安局是本案的行政复议机关。

## 项目二：证据材料分析

### 1. 被申请人提供证据的分析

被申请人 J 县公安局在行政复议中负有证明被诉行政处罚行为合法合理的举证责任。

（1）行政处罚裁决书。该证据属于书证。行政处罚决定是双方争议的行政行为，被申请人提供的目的是证明被申请人行政处罚行为合法。该处罚裁决书所载明内容有严重瑕疵，例如，将当事人性别"女"写成"男"，将传唤事由"卖淫"写成"嫖娼"，将时间"1 月 9 日"写成"2

月9日"。因此，该证据不但不能起到证明行政处罚合法的作用，恰恰证明该行政处罚是违法的。

（2）对马某某的讯问笔录。该证据属于当事人陈述，被申请人提供该证据用于证明马某某实施了卖淫行为，存在违反治安管理的违法行为。虽然该讯问笔录内容为马某某承认有卖淫行为，但事后证明，该讯问笔录是马某某在遭到办案人员的威胁、殴打、羞辱同时又被限制人身自由之后被迫所做的陈述，该证据因取证程序违法而不具有合法性，应予以排除。另外，马某某到案之后所做的否认指控的陈述并未被记录下来，说明讯问笔录有所取舍，不但不具有真实性，而且还不符合全面、客观调查取证的原则。因此，该证据不能作为定案依据。

（3）报案记录。此证据属于书证，证明有人举报马某某实施卖淫违法行为。但该报案记录并不能证明马某某实施了卖淫行为，只能证明公安机关传唤马某某并对其进行讯问是有一定根据的。

（4）受案登记表。此证据属于书证，证明行政处罚遵循了法定程序和步骤，按照法律规定予以立案。

（5）行政处罚告知书。此证据属于书证，证明行政处罚遵循了法定程序和步骤，按照法律规定已告知当事人事实和理由。但该告知书未告知当事人有陈述权和申辩权，属于剥夺当事人陈述权和申辩权，应属严重违反法定程序。

2. 申请人提供证据的分析

申请人对争议行政行为的合法性不负有举证责任，但是需要对特定事项进行举证。与此同时，申请人有权提供证据证明争议行政行为的违法性，但申请人提供的证据不成立并不能免除被申请人的举证责任。

马某某自己到医院做了处女鉴定，医院为其出具医学诊断意见。此证据属于鉴定意见。证明马某某并无卖淫行为，行政处罚认定主要事实不清，证据不足，是违法的行政行为。

该案中此证据并不是当事人自证清白的必需证据，但该医学诊断书为卫生部门许可的医疗机构具有医生资格的人出具的诊断书，确实对查清案件事实起到证明作用。

申请人有权利举证证明行政行为违法，此举证行为是权利而非义务。被申请人有义务证明行政行为合法。该案即使没有申请人提交的该证据，从被申请人提交的证据分析，应该也能得出行政处罚是否合法的结论，进而也能证明当事人是否清白。

3. 复议机关的证据分析

行政复议机关在复议过程中有权调查取证，依据是《中华人民共和国行政复议法》（1999 年实施）（以下简称《行政复议法》）第二十二条，该条规定："行政复议原则上采取书面审查的办法，但是申请人提出要求或者行政复议机关负责法制工作的机构认为有必要时，可以向有关组织和人员调查情况，听取申请人、被申请人和第三人的意见。"

鉴于原处罚认定事实并无确凿的证据，因此，复议机构为了查清案件事实，决定要为马某某做医学鉴定。医学鉴定结果显示马某某系处女，证明其并未实施卖淫的违法行为。因此，复议机关据此认定被申请人实施的行政处罚认定案件主要事实不清，证据不足，属于违法行政行为。

## 项目三：法律适用分析

本案涉及法律规范包括：《行政处罚法》（1996 年 10 月 1 日实施，已被修改）、《治安管理处罚条例》（1994 年 5 月 12 日实施，已失效）、《公安机关办理行政案件程序规定》（2004 年 1 月 1 日实施，已失效）、《行政复议法》（1999 年 10 月 1 日实施，已被修改）。

1.《行政处罚法》相关规定

【条文 1】第六条　公民、法人或者其他组织对行政机关所给予的行政处罚，享有陈述权、申辩权；对行政处罚不服的，有权依法申请行政复议或者提起行政诉讼。

【适用】被申请人的办案人员未告知当事人享有陈述权和申辩权，违反该条规定。

【条文 2】第三十一条　行政机关在作出行政处罚决定之前，应当告知当事人作出行政处罚决定的事实、理由及依据，并告知当事人依法享有的权利。

【适用】办案人员告知了事实、理由及依据，但未告知当事人依法享有的权利，即陈述权和申辩权。被申请人的行政处罚决定违反该条的规定，属于程序违法。

【条文 3】第三十二条　当事人有权进行陈述和申辩。行政机关必须充分听取当事人的意见，对当事人提出的事实、理由和证据，应当进行复核；当事人提出的事实、理由或者证据成立的，行政机关应当采纳。

行政机关不得因当事人申辩而加重处罚。

【适用】本案当事人马某某否认指控，为自己进行辩解，办案人员非但不认真听取，也未对其所述进行核实，反而以其态度不好对其进行辱骂、殴打、吊篮球架等虐待行为，实属违反法定程序。

【条文 4】第四条　行政处罚遵循公正、公开的原则。

设定和实施行政处罚必须以事实为依据，与违法行为的事实、性质、情节以及社会危害程度相当。

对违法行为给予行政处罚的规定必须公布；未经公布的，不得作为行政处罚的依据。

【适用】被申请人在未取得充分证据认定违法事实的基础上即实施处罚，违反该条规定第二款内容。

【条文5】第三十六条　除本法第三十三条规定的可以当场作出的行政处罚外，行政机关发现公民、法人或者其他组织有依法应当给予行政处罚的行为的，必须全面、客观、公正地调查，收集有关证据；必要时，依照法律、法规的规定，可以进行检查。

【适用】办案人员讯问马某某，只记录对其不利的内容，不记录对其有利的内容，被申请人的调查取证并未遵守全面、客观、公正的原则，违反该条规定。

2.《治安管理处罚条例》相关规定

【条文6】第四十一条　公安人员在执行本条例时，应当严格遵守法纪，秉公执法，不得徇私舞弊。禁止对违反治安管理的人打骂、虐待或者侮辱。违反的给予行政处分；构成犯罪的，依法追究刑事责任。

【适用】本案被申请人办案人员在对马某某进行讯问时采取了辱骂、殴打、吊篮球架杆子等行为，违反该条规定。

【条文7】第三十四条第二款　对违反治安管理的人的其他处罚，适用下列程序：

（一）传唤。公安机关对违反治安管理的人，需要传唤的，使用传唤证。对于当场发现的违反治安管理的人，可以口头传唤。对无正当理由不接受传唤或者逃避传唤的，公安机关可以强制传唤。

（二）讯问。　违反治安管理的人，应当如实回答公安机关的讯问。讯问应当作出笔录；被讯问人经核对认为无误后，应当在笔录上签名或者盖章，讯问人也应当在笔录上签名。

（三）取证。公安机关收集证据材料时，有关单位和公民应当积极予以支持和协助。询问证人时，证人应当如实反映情况，询问应当作出笔录。证人经核对认为无误后，应当在笔录上签名或者盖章。

（四）裁决。经讯问查证，违反治安管理行为事实清楚，证据确凿的，依照本条例的有关条款裁决。

【适用】本案被申请人未使用传唤证进行传唤，办案程序有瑕疵。

3.《公安机关办理行政案件程序规定》相关规定

【条文8】第三十五条　公安机关对行政案件进行调查时，应当全面、及时、合法地收集、调取有关证据材料，并予以审查、核实。

【适用】本案被申请人认定马某某实施卖淫违法行为，只对其进行讯问，并未及时获取其他证据。而当事人陈述由于其是利害关系人的陈述，可能对案件事实做扩大或缩小的陈述，因此是不能单独证明案件事实的。何况马某某的讯问笔录并不全面，而是有所取舍。因此，本案被申请人实施处罚并未全面、及时、合法地收集证据，违反该条规定。

【条文9】第三十六条　需要调查的案件事实包括：

（一）违法嫌疑人的基本情况；

（二）违法行为是否存在；

（三）违法行为是否为违法嫌疑人实施；

（四）实施违法行为的时间、地点、手段、后果以及其他情节；

（五）违法嫌疑人有无法定从重、从轻、减轻以及不予处理的情形；

（六）与案件有关的其他事实。

【适用】本案处罚决定书中存在的一系列错误，说明本案被申请人并未依法查清当事人的基本情况，也未查清违法行为是否存在，即在案件主要事实并未查清的情形下便作出了处罚决定，违反该条规定。

【条文 10】第三十七条　公安机关在调查时，办案人员不得少于两人，并应当向被调查人员表明执法身份。

【适用】本案中的办案人员共两人，其中一人是警察，另一人是司机。上述两人在办案过程中均是各自单独讯问马某某。而且司机不具有警察身份，也不是公务员，根本没有执法权。因此，本案办案程序严重违反上述条文规定。

【条文 11】第四十六条　传唤违法嫌疑人时，应当表明执法身份，并出示传唤证。

对当场发现的违法嫌疑人可以口头传唤。传唤到案后，应当立即补办传唤证。

对违反治安管理的违法嫌疑人，无正当理由不接受传唤或者逃避传唤的，可以强制传唤。强制传唤时，可以使用手铐、警绳等约束性警械。

【适用】本案办案人员传唤马某某并未使用传唤证，而是口头传唤，违反该条规定第一款内容。

## 项目四：争议焦点分析

本案的争议焦点为被申请人认定马某某存在卖淫行为的事实是否清楚、证据是否充分以及处罚程序是否合法。

下面就本案存在的几个法律问题进行分析：

1. 行政处罚行为认定事实是否清楚，证据是否充分

《行政处罚法》（1996 年实施，已被修改）第三十条规定："公民、法人或者其他组织违反行政管理秩序的行为，依法应当给予行政处罚的，行政机关必须查明事实；违法事实不清的，不得给予行政处罚。"此案公安机关在只有当事人陈述一项证据，并无其他证据加以佐证的情况之下，是不能认定马某某有卖淫违法行为并进行处罚的。与此同时，复议机关在审理该行政复议案件时，在被申请人只有一个孤证的情况之下，也不能认定争议的行政处罚行为合法。因此，本案认定的违法事实不清，主要证据严重不足。

2. 行政处罚程序是否合法

本案行政处罚调查过程中，公安人员一人调查取证，甚至不具有警察身份的司机也单独对当事人进行讯问；行政处罚决定作出之前并未告知当事人依法享有的陈述权和申辩权，且在当事人进行陈述和辩解时以态度不好为由对其进行人身伤害；行政处罚调查过程中未用传唤证传唤当事人，该案公安机关办案存在一系列严重违反法定程序的行为，故处罚程序不合法。

## 三、延伸思考

1. 执法人员法律意识强弱、执法水平高低直接影响法律实施效果

此案执法过程中存在非法传唤，一人执法，剥夺当事人陈述权、申辩权、暴力取证等程序违法行为，办案人员甚至在没有查清案件事实的情况之下，就对当事人作出了处罚。此案的发生说明本案中执法人员的法律意识不强，执法水平不高，未能依法行政。虽然案发在近二十年前，但当时的《行政处罚法》（1996 年实施，已被修改）、《治安管理处罚条例》（1994 年实施，已失效）、《公安机关办理行政案件程序规定》（2004 年实

施，已被修改）等诸法均对行政处罚程序已有明确规定，该案办案民警如此违法查处案件，漠视相对人合法权利，值得深刻反思。行政机关的职能主要是执行国家法律，执法人员的法律意识强弱，执法水平高低一定程度上影响法律的实施效果。优良的公务员队伍是国家法律得以更好贯彻实施的重要保障。在依法行政，依法治国的背景下，增强执法人员的法律意识，提高执法人员的执法水平是行政机关公务员队伍建设的关键所在。

2. 复议机关重复做医学鉴定的行为是否妥当

本案中复议机关在当事人提交医学鉴定后，再次指定医疗机构对当事人进行医学鉴定。在复议机关指定医疗机构所做鉴定意见同当事人自己委托医疗机构所做鉴定意见的结论相同的情况之下，复议机关才撤销了被申请人的行政处罚。

在行政复议活动中，行政处罚的合法性应该由被申请人举证证明。复议机关应从审查被申请人提交的证据入手，判断行政处罚认定案件主要事实是否清楚，证据是否充分，进而作出复议决定。在本案中，医学鉴定并不是认定被复议行政处罚行为是否合法的核心证据，加之该项证据涉及个人隐私，复议机关从保护当事人角度考虑应以非必要不重复作为原则，然而在当事人出具的医学鉴定并无瑕疵，且案件中的其他证据可以证明行政处罚行为违法的情况之下，复议机关利用自己享有调查取证的权力，责令当事人重复做此种医学鉴定，笔者认为不甚妥当。

3. 相关法律规范的变迁体现处罚程序的完善

本案涉及的几部重要法律规范均已发生很大变化：《治安管理处罚条例》已被《治安管理处罚法》取代，《行政处罚法》也已经过两次修正、一次修订，《公安机关办理行政案件程序规定》更是经过多达六次修正或修订。

纵观上述法律规范的变迁，最主要表现在处罚程序的完善。治安处罚程序由《治安管理处罚条例》（已废止）规定的传唤、讯问、取证、裁决，到目前的立案、调查取证、告知并听取意见、听证、裁决、送达，可以清楚地看出处罚程序更加严谨和规范。特别是针对重大、复杂、疑难案件，在作出处罚决定前需要法制审核和集体讨论的程序规定，彰显了立法者保护行政管理相对人合法权益，制约公权力的立法宗旨。因此，若此案发生在现在，很可能因实施处罚的严格程序而最终不会作出行政处罚，也就不会出现本案的尴尬。因此，唯有对公权力进行有效的制约，才能更好地保护行政相对人的合法权利，也才能真正地践行执法为民的理念。

# 案例2　张典礼不服区公安分局行政处罚复议案

## 一、基本案情

张典礼，男，1966年11月12日出生，汉族，泉源区福山镇张庄人，民营睿智幼儿园园长。张国新，男，1983年4月22日出生，汉族，与张典礼系同村村民，因张国新举报张典礼违法建房致使二人产生了矛盾。2018年8月7日14时许，张国新头戴头盔驾驶电动车途经张典礼的睿智幼儿园门口时，张典礼持一把铁铲和张国新相向而行，二人擦肩而过时，张典礼用手里的铁铲打向张国新，张国新急忙刹车，指责对方打到了自己头部，而张典礼则断然否认，两人为此发生纠纷，争执不下。15时02分，张国新向市公安局泉源分局福山镇派出所报案称其被张典礼用一把铁铲击中其戴着头盔的头部一下。福山镇派出所于同日立案，并向张典礼、张国新及证人陈每每、陈国家、陈国军进行调查、制作询问笔录，对张典礼的铁铲进行扣押。同日泉源公安分局作出行政处罚告知笔录，告知张典礼拟作出的行政处罚决定的事实、理由及依据，张典礼拒绝签名确认。同日泉源公安分局作出泉公源（福山）行罚决字〔2018〕00071号《行政处罚决定书》，泉源公安分局认为张典礼的行为已构成殴打他人，属一般情节违法行为，根据《治安管理处罚法》第四十三条第一款、第十一条第一款的规定，决定对张典礼处以行政拘留七日并处罚款二百元，收缴物品铁铲一把,并将行政处罚决定书送达张典礼。同日张典礼被送往 Q 区拘留所执行拘留(2018 年 8 月 7 日至同月 14 日)。张典礼以自己并未打到张国新,Q 区公安分局认定事实有误,所作处罚违法为由,向泉州市公安局申请行政复议。

## 二、案例研习

### 项目一: 法律关系分析

1. 案件性质

此案属于公安机关行政处罚引发的行政复议案件。

行政复议是兼具行政性和司法性的具体行政行为,被称为行政司法行为,具体而言就是行政机关依法对行政争议进行审理并予以裁决的制度。申请行政复议解决纠纷具有成本低(申请复议不交费)、效率高(60日内审结)、专业性强等特点。即使不服行政复议机关的裁决,还有行政诉讼制度作为最后的保障。因此,行政复议在解决行政争议有其自身优势。如果通过行政复议解决了纠纷,当事人不用提起行政诉讼,无形中也减轻了人民法院的负担,节省了司法资源。

2. 案件法律关系主体

张典礼是本案的行政复议申请人,Q 区公安分局是被申请人。Q 区人民政府以及 Q 市公安局有权对此案进行管辖,申请人选择向泉州市公安局申请复议,因此,泉州市公安局是本案行政复议机关。

### 项目二: 证据材料分析

被申请人 Q 区公安局在行政复议中负有证明行政处罚行为合法的举

证责任。

1. 被申请人提供证据的分析

被申请人 Q 区公安分局向行政复议机关提交的证据材料有：

（1）受案登记表、受案回执。这两份证据属于书证，证明被申请人按照行政处罚法定程序进行立案处理。

（2）行政处罚决定书及收缴物品清单。行政处罚决定书属于书证，证明被申请人按照法定方式即书面方式实施处罚，证明行政处罚符合法定程序。收缴物品清单证明获取物证铁铲一个。

（3）行政处罚审批表。这份证据属于书证，本案是由案发当地派出所民警负责调查取证，由于派出所没有行政主体资格，因此，案件调查终结后，根据调查的证据材料和法律规定，派出所拟定处理意见，并将案件调查报告及处理意见上报区公安分局审批，Q 区公安分局依据职权进行审查并批准该处理意见，该证据证明行政处罚实施过程符合法定程序。

（4）公安行政处罚告知笔录。这份证据属于书证，证明 Q 区公安分局作出行政处罚决定前告知张典礼拟作出处罚的事实、理由和依据，并告知其可以陈述和申辩。

（5）行政拘留执行回执及家属通知书。这两份证据属于书证，证明对张典礼实施拘留的程序符合规定。

（6）送达回执。这份证据属于书证，证明将法律文书送达当事人。

（7）张典礼询问笔录。此证据属于当事人陈述，证明申请人存在实施殴打第三人张国新的行为，但未打到对方。

（8）张国新询问笔录。此证据属于当事人陈述，证明自己被申请人殴打的行为。事后的视频证据显示第三人张国新所做陈述与事实不符。

可引用证据证明力法条的同时再解释证明力大小规定原理。证据规定第六十三条

（9）、（10）证人陈每每、陈国家询问笔录，这两份证据属于证人证言，证实张典礼用手中铁铲朝驾驶电动车经过的张国新头部砸下去，刚好砸到安全帽。事后的视频证据显示二人所说与事实不符。

（11）陈国军询问笔录。此证据属于证人证言，证明事发当日 10 时许，张典礼因怀疑张国新举报其违法建造房屋被拆一事，持两根铁棍到其家大门口砸地板，威胁张国新。上午发生的事情和下午的殴打行为没有直接联系，与案件无关，不具有相关性，应予以排除。

（12）现场笔录，证明案发现场情况。

（13）人员信息、违法犯罪记录查询情况说明。此证据属于书证，证明当事人基本情况。

（14）工作说明。此证据属于书证，证明公安机关调取幼儿园现场监控时遭到张典礼妻子的阻拦而未果的经过。

其中证据材料（1）、（2）、（3）、（4）、（5）、（6）证明行政处罚符合法定程序；证据材料（7）、（8）、（9）、（10）、（12）证明违法事实存在；但张国新的陈述，陈每每、陈国家的证言与现场录像视频记录的事实相矛盾，不能作为定案依据证据材料；证据材料（11）和案件没有直接关系，不具有相关性，不具有证明力；证据材料（13）证明当事人基本情况；证据材料（14）证明公安机关未取得视频监控证据，正是由于缺乏此关键证据，导致公安机关认定事实失实。

2. 申请人提供证据的分析

申请人对被诉行政行为的合法性不负有举证责任，但是需要对特定

事项进行举证。与此同时，申请人有权提供证据证明被诉行政行为的违法性，但申请人提供的证据不成立并不能免除被申请人的举证责任。

申请人张典礼向行政复议机关提交证据材料有：

（1）张典礼身份证复印件。此证据属于书证，证明当事人基本情况。

（2）本案《行政处罚决定书》。此证据属于书证，证明申请复议的行政处罚是存在的，申请复议具有事实根据。

（3）睿智幼儿园监控录像光盘、视频截图，该证据属于视听资料，证明张典礼持铁铲但并没有磕碰到张国新的头盔，张典礼并无殴打张国新的违法行为。证明行政处罚认定事实不清，证据不足。该视频图像清晰，内容连贯，没有剪辑等痕迹，具有证明力。

（4）、（5）手机录像、录音光盘及其书面说明，该证据属于视听资料，证明事发当日张典礼向 F 镇派出所办案民警反映睿智幼儿园的监控视频可证明自己未碰到张国新头部。证明张典礼行使陈述权、申辩权时，被申请人未按法律规定核查申请人陈述和申辩的事实，证明被申请人在收集、调取证据过程中未全面收集证据，违反法定程序。虽然公安机关当时未调看幼儿园监控，但事后进行了取证，却遭到张典礼妻子阻挠，未能调取成功。

（6）、（7）监控视频截图，这两份证据属于视听资料，证明张典礼所持的铁铲并未碰到张国新所戴的安全帽，当时证人陈每每、陈国家并不在事发现场。证明陈每每、陈国家所做证人证言是虚假的，没有证明力。

## 项目三：法律适用分析

本案涉及法律规范：《行政处罚法》（2018 年 1 月 1 日实施，已被修改）、《治安管理处罚法》（2013 年 1 月 1 日实施）、《行政复议法》（2018 年 1 月 1 日实施）、《公安机关办理行政案件程序规定》（2013 年 1 月 1 日实施，已被修改）。

1.《行政处罚法》相关规定

【条文 1】第六条第一款　公民、法人或者其他组织对行政机关所给予的行政处罚，享有陈述权、申辩权；对行政处罚不服的，有权依法申请行政复议或者提起行政诉讼。

【适用】本案办案人员适用该条款，履行了告知义务。

【条文 2】第三十一条　行政机关在作出行政处罚决定之前，应当告知当事人作出行政处罚决定的事实、理由及依据，并告知当事人依法享有的权利。

【适用】本案办案人员适用该条款，履行了告知义务。

【条文 3】第三十二条　当事人有权进行陈述和申辩。行政机关必须充分听取当事人的意见，对当事人提出的事实、理由和证据，应当进行复核；当事人提出的事实、理由或者证据成立的，行政机关应当采纳。

行政机关不得因当事人申辩而加重处罚。

【适用】本案办案人员适用该条款，对张典礼所说未打到陈国新的事实进行核实，可张典礼的妻子予以阻挠，未能调取成功。此证据对定案非常关键，公安机关在遇阻以后不应该轻易放弃，应该多做些工作，向当事人家属宣传法律和政策，以取得其配合，调取该关键证据。事实证明，正是因为公安机关未取得该关键证据，导致行政处罚认定有误，处罚错误。

2.《治安管理处罚法》相关规定

【条文 4】第四十三条第一款　殴打他人的，或者故意伤害他人身体的，处五日以上十日以下拘留，并处二百元以上五百元以下罚款；情节较轻的，处五日以下拘留或者五百元以下罚款。

【适用】公安机关适用此条款实施处罚。

3.《行政复议法》相关规定

【条文5】第二十八条　行政复议机关负责法制工作的机构应当对被申请人作出的具体行政行为进行审查，提出意见，经行政复议机关的负责人同意或者集体讨论通过后，按照下列规定作出行政复议决定：

（一）具体行政行为认定事实清楚，证据确凿，适用依据正确，程序合法，内容适当的，决定维持；

（二）被申请人不履行法定职责的，决定其在一定期限内履行；

（三）具体行政行为有下列情形之一的，决定撤销、变更或者确认该具体行政行为违法；决定撤销或者确认该具体行政行为违法的，可以责令被申请人在一定期限内重新作出具体行政行为：

1.主要事实不清、证据不足的；

2.适用依据错误的；

3.违反法定程序的；

4.超越或者滥用职权的；

5.具体行政行为明显不当的。

（四）被申请人不按照本法第二十三条的规定提出书面答复、提交当初作出具体行政行为的证据、依据和其他有关材料的，视为该具体行政行为没有证据、依据，决定撤销该具体行政行为。

行政复议机关责令被申请人重新作出具体行政行为的，被申请人不得以同一的事实和理由作出与原具体行政行为相同或者基本相同的具体行政行为。

【适用】行政复议机关泉州市公安局依据该条第一款第三项第一目，认定本案行政处罚认定事实不清，证据不足，决定撤销该处罚。

4.《公安机关办理行政案件程序规定》相关规定

【条文6】第二十八条第一款　公安机关向有关单位和个人收集、调取证据时，应当告知其必须如实提供证据，并告知其伪造、隐匿、毁灭证据，提供虚假证词应当承担的法律责任。

【适用】公安机关适用此条款，鉴于本案中该证据比较客观真实地记录了案发经过，对定案意义重大，当事人及其家属应予以配合与协助，这样才有利于公安机关准确认定案件事实。本案正是因为当事人家属不予配合，导致公安机关未取得此关键证据。

# 项目四：争议焦点分析

本案的争议焦点为张典礼殴打陈国新的违法事实是否存在。

《行政处罚法》第三十条规定："公民、法人或者其他组织违反行政管理秩序的行为，依法应当给予行政处罚的，行政机关必须查明事实；违法事实不清的，不得给予行政处罚。"

《行政复议法》第二十八条第三项，"（三）具体行政行为有下列情形之一的，决定撤销、变更或者确认该具体行政行为违法；决定撤销或者确认该具体行政行为违法的，可以责令被申请人在一定期限内重新作出具体行政行为：1.主要事实不清、证据不足的；2.适用依据错误的；3.违反法定程序的；4.超越或者滥用职权的；5.体行政行为明显不当的。"

结合上述两部法律规定来看，张典礼是否殴打了张国新是对其处罚与否的主要事实依据。公安机关应该按照法律规定查明这一事实，否则不应处罚。

该案公安机关按照法律规定履行了调查取证的法定职责，对张典礼和张国新两个当事人进行了询问，并对两个目击证人进行了询问，均制作了询问笔录。当事人陈述由于利害关系因素，必须与其他证据互相印证才能证明案件事实。证人证言会受很多因素影响，其证明作用显然比其他证据如视频要弱很多。比如由于案发突然，证人并没有心理准备，不会对案件发生过程观察细致入微，本案就有一个细节，张典礼挥舞铁铲是否打到张国新，双方就各执一词，两个证人说看到他打人了，至于打到没有，这么一瞬间的动作，证人们并没有观察到，张典礼自己知道根本没打到张国新，但他的说法没有任何证人为其作证予以佐证。在是否打到人这个问题上，当事人双方的证据是相反的，是矛盾的，而受害人张国新方面的证人数量占优势，公安机关正是依据受害人方的证人证言作出事实认定的。

本案事发时正值午休时间，路上行人稀少，没有更多的目击证人出来作证，在数量上陈国新一方的证人证言多于张典礼的一个人的陈述，在调取视频监控遭遇张典礼妻子阻挠的情况下，公安机关没有再继续收集其他证据，也没有进一步做张典礼妻子的工作，努力取得视频这一关键证据，而是依据现有证据得出了不利于张典礼的结论，认定张典礼实施了殴打陈国新的违法事实，导致处罚错误，因此，该案存在行政处罚证据不足，认定事实不清的情况，复议机关将之撤销也是符合法律规定的。

案件处理结果：复议机关认为被申请人的行政处罚认定事实不清，证据不足，撤销泉州市公安局 Q 区公安分局于 2018 年 8 月 7 日作出的公源（户）行罚决字〔2018〕00071 号《行政处罚决定书》，Q 区公安分局对张典礼予以国家赔偿。

## 三、延伸思考

本案其实并不复杂，由于办理案件的公安机关没有及时获得关键证据，而在认定事实方面出现问题，导致行政处罚被复议机关撤销。该案认定被处罚人具有殴打他人的事实的证据仅仅是证人证言，本案加害人和受害人说法相反，一方有证人证明，另一方没有。此种情况下，显然仅仅根据一方证人证言对事实予以认定，证据有些单薄。办案的公安机关虽然履行了法定职责，前去当事人家里取证，但不知何故遭到阻挠，以至于关键证据没有获得。导致该案在认定事实当面出现错误。公安机关应该在获得关键证据即视频证据方面多下点功夫，多点耐心，多做当事人的工作，力争取得关键证据，扎实认定事实。

本案被处罚人申请复议后，根据《行政复议法实施条例》第三十三条："行政复议机构认为必要时，可以实地调查核实证据；对重大、复杂的案件，申请人提出要求或者行政复议机构认为必要时，可以采取听证的方式审理。"复议机关也可以依职权主动调查核实证据，查明事实，查清真相。复议机关作为行政机关解决行政争议，具有人民法院不能比拟的优势，在案件审理中可以有更多作为。如果复议机关根据该条规定，积极行使调查案件的权力，查明事实，作出适当的复议决定，该案争议可能通过行政复议便可解决，当事人不必起诉到法院。

行政复议是在行政系统内部解决行政争议，对相对人合法权益予以救济的制度，通过复议解决争议，可以过滤掉一部分案件，不至于起诉到人民法院，既节省当事人打官司的成本，也节省司法资源，行政复议机关应充分发挥这一制度的优势，发挥解决行政争议，化解矛盾主渠道的作用。

# 案例3　任达福不服省自然资源厅信息公开行政复议案

## 一、基本案情

2019年5月22日，任达福通过邮政特快专递向H省自然资源厅申请公开自己房屋所在地的相关政府信息，即C市C区梅花路1弄32号房屋所在地块集体土地转为国有土地的建设用地说明书、农用地转用方案、补充耕地方案、土地征收方案及供应土地方案（"一书四方案"）批复文件及经批准的"一书四方案"的具体内容，以及土地征收公告、征地协议、征地安置补偿方案、征地红线图、征地补偿金发放情况，建设项目用地单位提交的预审申请表、预审申请报告及项目可行性研究报告等相关材料。

H省自然资源厅于2019年5月23日收到申请，同年6月4日发出《政府信息公开补正告知书》，告知任达福下列内容：一、查询征地须提供审批文号、审批时间、报批批次等信息。根据《政府信息公开条例》第三十条，请你在收到本告知书之日起15日内补正上述信息，我厅再予以答复。逾期不补正的，视为放弃政府信息公开申请。二、"一书四方案"以及土地征收公告、征地协议、征地安置补偿方案、征地红线图、征地补偿金发放情况、建设项目用地单位提交的预审申请表、预审申请报告及项目可行性研究报告等相关材料由县级自然资源局组织编制、报批并负责实施，根据《政府信息公开条例》第二十一条，你也可以向临江市国土资源局或 C 区自然资源局提出政府信息公开申请。

任达福收到补正告知书后，于同年 6 月 7 日向 H 省自然资源厅邮寄了《政府信息公开补正说明》，内容为"因本人承租房屋面临拆迁，本人并不知道该地块是否存在征地批文以及征地批文的内容，故需要通过申请信息公开的方式了解该地块土地的现状。本人在此前提交的政府信息公开申请表所需内容描述中已经提供了土地的具体位置信息，贵单位可以通过地理位置予以查找，并向申请人公开"。H 省自然资源厅于次日收到该补正说明后未予答复。

任达福认为，H 省自然资源厅收到补正说明后，一直未作答复，已经超过法定期限。遂于 8 月 5 日向 H 省政府申请行政复议，请求确认省自然资源厅未在法定期限内对其信息公开申请予以答复的行政不作为违法，并责令省自然资源厅履行信息公开职责。

## 二、案例研习

### 项目一：法律关系分析

1. 案件性质

此案属于因政府信息公开引发的行政复议案件。

根据《政府信息公开条例》第二条的规定，政府信息，是指行政机关在履行行政管理职能过程中制作或者获取的，以一定形式记录、保存的信息。第五十一条规定，公民、法人或者其他组织认为行政机关在政府信息公开工作中侵犯其合法权益的，可以向上一级行政机关或者政府信息公开工作主管部门投诉、举报，也可以依法申请行政复议或者提起行政诉讼。

### 2. 案件法律关系主体

任达福是行政复议申请人，H 省自然资源厅是被申请人，H 省政府是行政复议机关。

《行政复议法》第十二条第一款规定："对县级以上地方各级人民政府工作部门的具体行政行为不服的，由申请人选择，可以向该部门的本级人民政府申请行政复议，也可以向上一级主管部门申请行政复议。"因此，本案中 H 省自然资源厅作为县级以上地方各级人民政府工作部门，申请人可以选择向 H 省自然资源厅的本级政府——H 省政府申请行政复议，也可以向其上一级主管部门——生态环境部申请复议。

# 项目二：证据材料分析

由于该案是申请人指控被申请人没有履行信息公开的法定职责，属于不作为案件，按照法律规定，应由申请人证明自己曾提出过申请的事实。因此，申请人对曾经提出申请需要提供证据证明。

### 1. 申请人提供证据的分析

（1）《申请书》邮寄凭证。证明自己已经向被申请人申请信息公开，而且对方也收到了申请书。

（2）《政府信息公开补正说明》邮寄凭证。证明被申请人收到了自己这份材料，但逾期没有给予任何答复，属于不作为。

### 2. 被申请人提供证据的分析

《政府信息公开申请书》和《政府信息公开补正告知书》。这两份证据证明被申请人收到了申请人邮寄的申请材料，并在法定期限内发送了补正告知书。之所以未进行信息公开，是因为申请人并未按要求补正申请材料。因此，被申请人并不存在不作为的违法行为。

# 项目三：法律适用分析

本案涉及法律规范：《政府信息公开条例》（2019年5月15日实施）、《行政复议法》（2018年1月1日实施）。

1.《政府信息公开条例》相关规定

【条文1】第十条　行政机关制作的政府信息，由制作该政府信息的行政机关负责公开。行政机关从公民、法人和其他组织获取的政府信息，由保存该政府信息的行政机关负责公开；行政机关获取的其他行政机关的政府信息，由制作或者最初获取该政府信息的行政机关负责公开。法律、法规对政府信息公开的权限另有规定的，从其规定。

【适用】该条款规定了政府信息公开的义务主体。被申请人未适用此条文，补正告知书中称批复文件之外的其他信息，均由区国土资源局制作，告知申请人也可以由临江市或临城区国土资源管理部门实施信息公开，此项答复应以该条文为依据，被申请人却错误地以第二十一条为依据。依据该条文，本着"谁制作谁公开"的规定，被申请人对"一书四方案"的批复文件有义务公开，但其在补正告知书中并未明确这一点。补正告知书中告知申请人"一书四方案"及其他信息也可以由临江市或临城区自然资源部门负责公开，措辞不明确，并未说明自己有无公开的义务。

【条文2】第二十一条　除本条例第二十条规定的政府信息外，设区的市级、县级人民政府及其部门还应当根据本地方的具体情况，主动公开涉及市政建设、公共服务、公益事业、土地征收、房屋征收、治安管理、社会救助等方面的政府信息；乡（镇）人民政府还应当根据本地方的具体情况，主动公开贯彻落实农业农村政策、农田水利工程建设运营、农村土地承包经营权流转、宅基地使用情况审核、土地征收、房屋征收、筹资筹劳、社会救助等方面的政府信息。

【适用】被申请人适用此条文，认为信息公开的责任主体是申请人所在地的 L 市或 L 区国土资源管理部门。然而，该条文规定的内容是行政机关主动公开的政府信息的范围，关于信息公开的责任主体的认定，直接的法律依据是第十条，而非第二十一条。因此，被告适用该条款属于适用法律错误。

【条文 3】第三十条　政府信息公开申请内容不明确的，行政机关应当给予指导和释明，并自收到申请之日起 7 个工作日内一次性告知申请人作出补正，说明需要补正的事项和合理的补正期限。答复期限自行政机关收到补正的申请之日起计算。申请人无正当理由逾期不补正的，视为放弃申请，行政机关不再处理该政府信息公开申请。

【适用】该条款规定了申请人申请书不明确时，行政机关的指导、释明和告知义务。被申请人适用此条款向申请人送达了补正申请书。但由于申请人申请信息公开的土地位置非常明确，无须补正，属于适用法律错误。

【条文 4】第二十七条　除行政机关主动公开的政府信息外，公民、法人或者其他组织可以向地方各级人民政府、对外以自己名义履行行政管理职能的县级以上人民政府部门（含本条例第十条第二款规定的派出机构、内设机构）申请获取相关政府信息。

【适用】该条款是政府信息公开申请主体和被申请主体的规定。较之于修订之前的《政府信息公开条例》，该条款删除了申请人申请政府信息公开"根据自身生产、生活、科研等特殊需要"的限制条件。当然，申请人申请公开政府信息的数量、频次明显超过合理范围时，行政机关可以要求申请人说明理由；行政机关认为申请理由不合理的，告知申请人不予处理。本案所涉L市L区梅花路1弄32号房屋系任达福所住房屋，被当地政府征收，需要签订房屋补偿协议，因此意欲了解本次征地的相关信息，于是依据本条款向被申请人申请信息公开。

【条文5】第三十三条　行政机关收到政府信息公开申请，能够当场答复的，应当当场予以答复。

行政机关不能当场答复的，应当自收到申请之日起20个工作日内予以答复；需要延长答复期限的，应当经政府信息公开工作机构负责人同意并告知申请人，延长的期限最长不得超过20个工作日。

行政机关征求第三方和其他机关意见所需时间不计算在前款规定的期限内。

【适用】该条款是行政机关答复期限的规定。被申请人未在法定期限内予以答复，违反此条款规定。

【条文6】第三十六条　对政府信息公开申请，行政机关根据下列情况分别作出答复：（一）所申请公开信息已经主动公开的，告知申请人获取该政府信息的方式、途径；（二）所申请公开信息可以公开的，向申请人提供该政府信息，或者告知申请人获取该政府信息的方式、途径和时间；（三）行政机关依据本条例的规定决定不予公开的，告知申请人不予公开并说明理由；（四）经检索没有所申请公开信息的，告知申请人该政府信息不存在；（五）所申请公开信息不属于本行政机关负责公开的，告知申请人并说明理由；能够确定负责公开该政府信息的行政机关的，告知申请人该行政机关的名称、联系方式；（六）行政机关已就申请人提出的政府信息公开申请作出答复、申请人重复申请公开相同政府信息的，告知申请人不予重复处理；（七）所申请公开信息属于工商、不动产登记资料等信息，有关法律、行政法规对信息的获取有特别规定的，告知申请人依照有关法律、行政法规的规定办理。

【适用】该条款规定了行政机关收到政府信息公开申请之后，应根据不同情况作出相应的答复。

首先，根据《政府信息公开条例》第十条，被申请人对"一书四方案"的批复文件有义务公开，自己是此政府信息公开的责任主体，应根据该条文第二项，对申请人予以公开，但被申请人并未履行公开的义务。

其次，对于"一书四方案"及其他信息，根据《政府信息公开条例》第十条的规定，应由制作机关负责公开，被申请人无义务公开。被申请人应根据该条文第五项，明确告知申请人公开的责任主体是哪个，但被申请人并未明确告知，只是在补正告知书中告知申请人"也可以向市或县自然资源部门申请信息公开"，该告知内容措辞不清晰，使得申请人误以为被申请人有义务公开，其他行政机关也有义务公开，既然这样，自己也无必要再向其他行政机关申请信息公开。

因此，综上所述，被申请人未遵守此条款的规定。

2.《行政复议法》相关规定

【条文7】第二十八条　行政复议机关负责法制工作的机构应当对被申请人作出的具体行政行为进行审查，提出意见，经行政复议机关的负责人同意或者集体讨论通过后，按照下列规定作出行政复议决定：

（一）具体行政行为认定事实清楚，证据确凿，适用依据正确，程序合法，内容适当的，决定维持；

（二）被申请人不履行法定职责的，决定其在一定期限内履行；

（三）具体行政行为有下列情形之一的，决定撤销、变更或者确认该具体行政行为违法；决定撤销或者确认该具体行政行为违法的，可以责令被申请人在一定期限内重新作出具体行政行为：

1.主要事实不清、证据不足的；

2.适用依据错误的；

3.违反法定程序的；

4.超越或者滥用职权的；

5.具体行政行为明显不当的。

（四）被申请人不按照本法第二十三条的规定提出书面答复、提交当初作出具体行政行为的证据、依据和其他有关材料的，视为该具体行政行为没有证据、依据，决定撤销该具体行政行为。

行政复议机关责令被申请人重新作出具体行政行为的，被申请人不得以同一的事实和理由作出与原具体行政行为相同或者基本相同的具体行政行为。

【适用】该条款是行政复议机关复议决定类型的规定。行政复议机关适用此条第一款第三项第二目、第三目、第五目作出确认被申请人未在法定期限内对申请人提出的政府信息公开申请予以答复的行为违法；责令被申请人对申请人的政府信息公开申请重新作出处理。

## 项目四：争议焦点分析

本案的争议焦点有两个：其一，申请人申请政府信息公开内容是否明确，是否需要补正；其二，本案信息公开的主体是谁，谁有义务公开。

其一，申请人申请的政府信息内容是否明确。

复议机关认为其申请内容明确，不需补正。申请人申请公开 L 市 L 区梅花路 1 弄 32 号房屋所在地块集体土地转为国有土地的"一书四方案"等相关文件材料，已经提供了土地的具体位置信息，所需内容描述明确。被申请人要求申请人提供审批文号、审批时间或报批批次等，理由不当。审批文号、审批时间或报批批次等要素虽有助于行政机关迅速便捷检索政府信息，但这些内容并非检索政府信息的必备要件，更非唯一要件。何况此类信息属于征地批文类政府信息的重要组成部分，在申请人并不掌握所需征地批文政府信息的情况下，要求申请人必须提供所申请的征地批文的审批文号、审批时间或报批批次等内容，既不现实，也不合理。

其二，本案信息公开的主体是谁。

被申请人认为，自己只对"一书四方案"的批复文件信息有公开的责任，由于申请人申请内容不明确，故要求其补正，被申请人也已告知申请人也可向当地自然资源部门提出信息公开申请。申请人未在补正告知期限内予以补正，所以自己也未公开批复等信息内容。被申请人认为自己已依法处理申请人的政府信息公开申请，并无违法或不当，请求依法驳回申请人的行政复议申请。

对此，复议机关认为：

第一，申请人申请内容明确，不存在应当告知申请人补正的情形。在申请人对补正告知予以说明且未补正的情况下，被申请人应该适用第三十三条和第三十六条作出处理，即要么在法定期限内按法定方式予以公开，要么不予公开并告知理由，在申请人对补正告知作出说明之后，仍然以申请人未补正而不予理睬的做法是不符合法律规定的，实属违法。

第二，被申请人作为自然资源行政管理机关，代表省政府履行辖区内集体土地征收管理职责，理应掌握并确认该地块是否存在相应的政府信息并决定是否应当公开，以及由谁公开。但在其补正告知书中措辞含糊，易发歧义。比如，告知书称"一书四方案"及相关材料是县级自然资源部门组织编制、报批并负责实施，却又让申请人"也可以向 L 市或 L 区自然资源局提出政府信息公开申请"，根据第十条谁制作谁公开的规定，信息公开的主体是确定的，而补正告知书并未明确这一重要内容，且使用了"也可以"这样的字眼，会让申请人觉得市、区两级主管部门有义务公开，被申请人自己也有公开的义务，既然如此，申请人已经向被申请人提出了信息公开的申请，何苦再向其他行政机关申请呢？

因此，补正告知书措辞不清晰，表达不准确，且存在适用法律错误情形，对被申请人自己应公开的政府信息未予公开，对自己不应公开的信息未明确告知申请人向谁申请公开，复议机关综合上述情况，作出确认违法的复议决定，即确认被申请人未在法定期限内对申请人提出的政府信息公开申请予以答复的行为违法，并责令被申请人对申请人的政府信息公开申请重新作出处理。

## 三、延伸思考

因申请人申请政府信息公开时未提供所需政府信息的文号、制作时间等信息检索要素，行政机关要求申请人对申请内容补正而引起的行政争议时有发生。客观上，申请时未能提供所需政府信息的制作时间、文号，给行政机关的检索工作增加了工作量，但如果不加界定和规范，极易成为行政机关拒绝公开政府信息的不当理由，有违政府信息公开"以公开为常态、不公开为例外"原则，背离政府信息公开制度设计初衷。

本案就如何界定政府信息公开申请内容是否明确，如何界定是否属于需要行政机关汇总、加工或重新制作或向其他行政机关和公民、法人或者其他组织收集信息的情形，以及行政机关以申请人未提供审批文号、审批时间等信息要素为由要求补正行为的定性问题，进行了剖析说理，希望对行政机关更好地履行政府信息公开职责、正确处理类似行政复议案件，具有借鉴意义。

# 模块六
# 行政诉讼案例研习

# 案例1 "北雁云依"诉J市公安局L区分局燕山派出所公安行政登记案●

## 一、基本案情

原告"北雁云依"出生于2009年1月25日，其父亲姓名为吕某某，母亲姓名为张某某。因酷爱诗词歌赋和中国传统文化，吕某某、张某某夫妇二人决定给爱女起名为"北雁云依"，并以"北雁云依"为名办理了新生儿出生证明和计划生育服务手册新生儿落户备查登记。

2009年2月，吕某某前往J市公安局L区分局燕山派出所（以下简称燕山派出所）为女儿申请办理户口登记，被民警告知拟被登记人员的姓氏应当随父姓或者母姓，即姓"吕"或者"张"，否则不符合办理出生登记条件。因吕某某坚持以"北雁云依"为姓名为女儿申请户口登记，燕山派出所以子女应当随父姓或者随母姓为由，依照《婚姻法》第二十二条及山东省公安厅鲁公通（2006）302号《关于规范常住户口管理若干问题的意见（试行）》等之规定，于当日作出拒绝以"北雁云依"为姓名办理户口登记的具体行政行为。

2009年12月17日，"北雁云依"法定代理人吕某某起诉到法院，主张按照"法无禁止即可为"的原则，"北雁云依"的名字应予认可，请

---

● 本案参考山东省济南市历下区人民法院（2010）历行初字第4号行政判决书编写，https://wenshu.court.gov.cn/website/wenshu/181107ANFZ0BXSK4/index.html?docId=efe618ff42c34e2283d2a7d1cd5265bd，中国裁判文书网。

求法院判令确认被告燕山派出所拒绝以"北雁云依"为姓名办理户口登记的行为违法。此案在 2010 年 1 月 28 日、3 月 8 日两次公开开庭审理，因案件涉及法律适用问题，须送请有权机关作出解释或者确认。该案于 2010 年 3 月 11 日裁定中止审理，后层报最高人民法院送请全国人大常务委员会解释。2014 年 11 月 1 日，第十二届全国人民代表大会常务委员会第十一次会议通过了《关于〈中华人民共和国民法通则〉第九十九条第一款、〈中华人民共和国婚姻法〉第二十二条的解释》（以下简称《解释》），中止事由消除，该案于 2015 年 4 月 21 日恢复审理。2015 年 4 月 25 日作出（2010）L 行初字第 4 号行政判决：驳回原告"北雁云依"要求确认被告燕山派出所拒绝以"北雁云依"为姓名办理户口登记行为违法的诉讼请求。一审宣判并送达后，原被告双方均未提出上诉，一审判决已发生效力。

## 二、案例研习

### 项目一：法律关系分析

1. 案件性质

此案属于行政登记案，具体而言，是因燕山派出所拒绝以"北雁云依"为姓名办理户口登记行为引发的行政诉讼纠纷。户口登记行为是户籍制度的中心，它包括出生登记、死亡注销登记、户口迁移登记等多项内容。户口登记是对公民合法身份的确认，直接影响社会生活，对于未成年人而言，更与其生活、入学、成长息息相关。户口登记行为是影响公民人身权、财产权的具体行政行为，属于人民法院行政诉讼的受案范围。

2. 案件法律关系主体

在行政登记法律关系中，燕山派出所是行政登记行为的行政主体，"北雁云依"是行政相对人，吕某某是相对人"北雁云依"的法定代理人。根据《户口登记条例》第三条规定："户口登记工作，由各级公安机关主管。城市和设有公安派出所的镇，以公安派出所管辖区为户口管辖区；乡和不设公安派出所的镇，以乡、镇管辖区为户口管辖区。乡、镇人民委员会和公安派出所为户口登记机关。"

在行政诉讼法律关系中，燕山派出所是行政诉讼的被告，"北雁云依"是行政诉讼原告，吕某某是行政诉讼原告"北雁云依"的法定代理人。

# 项目二：证据材料分析

1. 被告提供证据的分析

根据《行政诉讼法》的规定，被告燕山派出所在行政诉讼中负有证明被诉行政处罚行为合法的举证责任。被告提交了以下两份证据：

（1）被告提供的情况说明。被告以此证明其作出拒绝以"北雁云依"为姓名办理户口登记的行政行为。

（2）常住人口登记表。被告以此证明"北雁云依"之姓名不随其父母姓。

被告提交上述（1）、（2）号证据用以证明其拒绝以"北雁云依"为姓名给吕某某之女办理户口登记，事实证据充分，程序合法。

2. 原告提供证据的分析

原告对被诉行政行为的合法性不负有举证责任，但对特定案件需要对特定事项进行举证。当然，原告有权提供证据证明被诉行政行为的违法性，但原告提供的证据不成立的并不免除被告的举证责任。原告在本案中提交了以下三份证据：

（1）新生儿出生医学证明。出生证明中载有"北雁云依"的姓名，该证据属于书证，证明行政行为的存在以及起诉人具有原告资格、代理人具有法定代理人资格。

（2）计划生育服务手册、新生儿落户备查登记表。登记表中载有"北雁云依"的姓名，该证据属于书证，证明行政行为的存在以及起诉人具有原告资格、代理人具有法定代理人资格。

（3）结婚证。该证据属于书证，证明代理人具有法定代理人资格。

原告以上述证据证明"北雁云依"系吕某某与张某某夫妇的婚生女儿，"北雁云依"这一姓名已在出生医学证明上予以记载，父母均同意其姓名为"北雁云依"。

## 项目三：法律适用分析

本案涉及法律规范包括：《民法通则》（2009年8月27日修正，现已失效）、《婚姻法》（2001年4月28日公布，现已失效）、《全国人民代表大会常务委员会关于〈中华人民共和国民法通则〉第九十九条第一款、〈中华人民共和国婚姻法〉第二十二条的解释》（2014年11月1日，现已废止）、《行政诉讼法》、《户口登记条例》（1958年1月9日）、S省公安厅《关于规范常住户口管理若干问题的意见（试行）》（S公通〔2006〕302号，已废止）、《S省卫生厅关于进一步加强出生医学证明使用管理的通知》（2009年5月15日公布，现已失效）。

1.《民法通则》相关规定

【条文1】第九十九条　公民享有姓名权，有权决定、使用和依照规定改变自己的姓名，禁止他人干涉、盗用、假冒。

【适用】在本案中，"北雁云依"的法定代理人吕某某代为决定其姓名。

2.《婚姻法》相关规定

【条文2】第二十二条　子女可以随父姓，可以随母姓。

3.《民法总则》相关规定

【条文3】第八条　民事主体从事民事活动，不得违反法律，不得违背公序良俗。

《全国人民代表大会常务委员会关于〈中华人民共和国民法通则〉第九十九条第一款、〈中华人民共和国婚姻法〉第二十二条的解释》

【条文4】公民依法享有姓名权。公民行使姓名权，还应当尊重社会公德，不得损害社会公共利益。

公民原则上应当随父姓或者母姓。有下列情形之一的，可以在父姓和母姓之外选取姓氏：

（一）选取其他直系长辈血亲的姓氏；

（二）因由法定扶养人以外的人扶养而选取扶养人姓氏；

（三）有不违反公序良俗的其他正当理由。

少数民族公民的姓氏可以遵从本民族的文化传统和风俗习惯。

【适用】在本案中，原《婚姻法》规定的子女可以随父姓，也可以随母姓；同时全国人民代表大会常务委员会在解释中对"在父姓和母姓之外选取姓氏的情形"作出具体列举和概括式规定。

4.《户口登记条例》相关规定

【条文5】第三条　户口登记工作，由各级公安机关主管。

城市和设有公安派出所的镇，以公安派出所管辖区为户口管辖区；乡和不设公安派出所的镇，以乡、镇管辖区为户口管辖区。乡、镇人民委员会和公安派出所为户口登记机关。

【条文6】第七条　婴儿出生后一个月以内，由户主、亲属、抚养人或者邻居向婴儿常住地户口登记机关申报出生登记。

弃婴，由收养人或者育婴机关向户口登记机关申报出生登记。

5. S省公安厅《关于规范常住户口管理若干问题的意见（试行）》（S公通【2006】302号）相关规定

【条文7】婴儿申报出生登记，其姓氏应当随父姓或母姓；

6.《S省卫生厅关于进一步加强出生医学证明使用管理的通知》

【条文8】第二条第三项　新生儿姓氏应在父姓或母姓之间选择，不得选第三姓。

【适用】以上是关于户口登记的行政法规及规范性文件规定。在本案中，"北雁云依"出生后，其监护人向"北雁云依"常住地户籍登记机关即被告申请办理出生登记。本案被告依据意见和通知作出不予登记的行政行为。

7.《行政诉讼法》相关规定

【条文9】第二条　公民、法人或者其他组织认为行政机关和行政机关工作人员的行政行为侵犯其合法权益，有权依照本法向人民法院提起诉讼。

前款所称行政行为，包括法律、法规、规章授权的组织作出的行政行为。

【条文 10】第十二条　人民法院受理公民、法人或者其他组织提起的下列诉讼：

（十二）认为行政机关侵犯其他人身权、财产权等合法权益的。

除前款规定外，人民法院受理法律、法规规定可以提起诉讼的其他行政案件。

【条文 11】第十八条　行政案件由最初作出行政行为的行政机关所在地人民法院管辖。经复议的案件，也可以由复议机关所在地人民法院管辖。

【条文 12】第三十条　没有诉讼行为能力的公民，由其法定代理人代为诉讼。法定代理人互相推诿代理责任的，由人民法院指定其中一人代为诉讼。

【条文 13】第三十四条　被告对作出的行政行为负有举证责任，应当提供作出该行政行为的证据和所依据的规范性文件。

被告不提供或者无正当理由逾期提供证据，视为没有相应证据。但是，被诉行政行为涉及第三人合法权益，第三人提供证据的除外。

【条文 14】第六十九条　行政行为证据确凿，适用法律、法规正确，符合法定程序的，或者原告申请被告履行法定职责或者给付义务理由不成立的，人民法院判决驳回原告的诉讼请求。

8.《最高人民法院关于适用〈中华人民共和国行政诉讼法〉的解释》相关规定

【条文 15】第八十七条　在诉讼过程中，有下列情形之一的，中止诉讼：

（一）原告死亡，须等待其近亲属表明是否参加诉讼的；

（二）原告丧失诉讼行为能力，尚未确定法定代理人的；

（三）作为一方当事人的行政机关、法人或者其他组织终止，尚未确定权利义务承受人的；

（四）一方当事人因不可抗力的事由不能参加诉讼的；

（五）案件涉及法律适用问题，需要送请有权机关作出解释或者确认的；

（六）案件的审判须以相关民事、刑事或者其他行政案件的审理结果为依据，而相关案件尚未审结的；

（七）其他应当中止诉讼的情形。

中止诉讼的原因消除后，恢复诉讼。

【适用】以上规定是行政诉讼法及司法解释有关提起行政诉讼、受案范围、管辖、诉讼代理人、举证责任、行政诉讼判决、中止诉讼的规定，在本案中，管辖法院依据上述规定开展了立案、审理、中止等诉讼活动。

# 项目四：争议焦点分析

本案的原告"北雁云依"对被告燕山派出所拒绝办理户口登记的事实和程序均无异议，双方当事人主要对《民法通则》第九十九条第一款、《婚姻法》第二十二条的适用问题存有分歧。本案的争议焦点为《婚姻法》第二十二条规定"子女可以随父姓，可以随母姓"中"子女承继父母的姓氏"是属于强制性还是任意性的；原告法定代理人吕某某提出的理由是否符合《解释》第二款第三项规定的"有不违反公序良俗的其他正当理由"。

原告认为，自我命名权是自然人的权利，任何人不能干涉。我国《婚姻法》规定"子女可以随父姓，也可以随母姓"，是对男女平等的表达，而不是必须随父姓或母姓。凡是法律不禁止的都是允许的，所以公民既可以随父姓，也可以随母姓，还可选用其他姓氏。认为《婚姻法》第二十二条规定用语"可以"，意指子女随父姓或随母姓是任意性的，在不违背法律规定和公序良俗情况下同样可以创设和使用其他姓氏。姓氏只是各民族的传统，是否让子女随父母姓是个人问题，姓名只要不存在有损国家尊严、违反民族美德等情况，皆可自由选取。为女儿选取"北雁云依"之姓名，"北雁"是姓，"云依"是名。"北雁云依"四字，取自四首著名的中国古典诗词，寓意父母对女儿的美好祝愿。"北雁云依"的取名并不违反公序良俗，属于"有不违反公序良俗的其他正当理由"的情形。

被告认为，《婚姻法》规定子女既可以随父姓，也可以随母姓，没有规定可以随第三姓。认为此条属于穷尽性列举，子女姓氏必须从其父母姓氏中选择。行政机关应当依法行政，法律没有明确规定的行为，行政机关就不能实施，原告和行政机关都无权对法律作出扩大化解释。S省公安厅《关于规范常住户口管理若干问题的意见（试行）》规定，新生婴儿申报出生登记，其姓氏应当随父姓或母姓。法律确认姓名权是为了使公民能以文字符号即姓名明确区别于他人，进而实现自己的人格和权利。姓名权和其他权利一样，受到法律的限制而不可滥用。如果公民滥用姓名权，会模糊他人和自己的区别，造成权利义务关系的主体不明确，损害他人和社会的利益，妨碍社会的管理秩序。由于"北雁云依"一名不随父姓、不随母姓，因此该所不予办理户口登记的行为是正确的。

法院认为，本案的焦点是原告法定代理人吕某提出的理由是否符合

《解释》第二款第三项规定的"有不违反公序良俗的其他正当理由"。该项规定设定了在父母姓氏之外选取其他姓氏的两个必备要件，一是不违反公序良俗，二是存在其他正当理由。其中，不违反公序良俗是选取其他姓氏时应当满足的最低规范要求和道德义务，存在其他正当理由要求在符合上述条件的基础上，还应当具有合目的性。关于"公序良俗"对姓名的规制问题。法院认为：首先，从社会管理和发展的角度，子女承袭父母姓氏有利于提高社会管理效率，便于管理机关和其他社会成员对姓氏使用人的主要社会关系进行初步判断。倘若允许随意选取姓氏甚至恣意创造姓氏，则会增加社会管理成本，无利于社会和他人，而且极易使社会管理出现混乱，增加社会管理的风险性和不确定性。其次，姓氏主要来源于客观上的承袭，系先祖所传，名字则源于主观创造，为父母所授。在我国，姓氏承载了对血缘的传承、对先祖的敬重、对家庭的热爱等，而名字则承载了个人喜好、人格特征、长辈愿望等。中国人民对姓氏传承的重视和尊崇，不仅体现了血缘关系、亲属关系，更承载着丰富的文化传统、伦理观念、人文情怀，符合主流价值观念，是中华民族向心力、凝聚力的载体和镜像。反之，如果任由公民仅凭个人意愿喜好，随意选取姓氏甚至自创姓氏，则会造成对文化传统和伦理观念的冲击，既违背社会善良风俗和一般道德要求，也不利于维护社会秩序和实现社会的良性管控。故，本案中"北雁云依"的父母自创姓氏的做法，不符合公序良俗对姓名的规制要求。关于"存在其他正当理由"，要求选取父母姓氏之外其他姓氏的行为，不仅不应违背社会公德、不损害社会公共利益，还应当具有合目的性。这种行为通常情况下主要存在于实际抚养关系发生变动、有利于未成年人身心健康、维护个人人格尊严等情形。本案中，原告"北雁云依"的父母自创"北雁"为姓氏、选取"北雁云依"为姓名给女儿办理户口登记的理由是"我女儿姓名'北雁云依'四字，取自四首著名的中国古典诗词，寓意父母对女儿的美好祝愿。"此理由仅凭个人喜好愿望并创设姓氏，具有明显的随意性，不符合立法解释第二款第三项所规定的正当理由。因此，法院认为，原告"北雁云依"要求确认被告燕山派出所拒绝以"北雁云依"为姓名办理户口登记行为违法的诉讼请求于法无据，不应予以支持。

## 三、延伸思考

1. 涉及公民基本权利的案件是观察国家法治的重要窗口

本案系全国首例姓名权行政诉讼案，案件历经6年时间，后入选最高人民法院指导案例，影响深远。姓名权是公民依法享有的决定、使用、变更自己的姓名，并要求他人尊重自己姓名的一种人格权利，受宪法保护。我国《宪法》第三十八条规定："中华人民共和国公民的人格尊严不受侵犯。禁止用任何方法对公民进行侮辱、诽谤和诬告陷害。"关于姓名权的案子在我国的司法史上虽然不多，但这样的案子一旦进入司法程序就可能成为舆论焦点，比如赵C案（赵C自1986年7月18日在鹰潭出生后就以此为姓名。2006年8月，因考上大学，赵C到鹰潭市江边派出所换第二代身份证时被告知名字里面不能有"C"字而成讼）。

本案在处理的过程中，J市公安局对原告代理人给孩子起名、落户一事十分重视，会同J市公安局L分局专门向省公安厅汇报，反复研究讨论，请示公安部如何处理，后L分局专门邀请了法律、民俗等有关专家就落户问题展开讨论，以寻求更合理的决策依据。法院审理案件公开，让司法公信接受考验保证个案公正。严格依法办案，是法院行政审判始终坚守的信念和不能逾越的底线。对待疑难复杂、重大案件，尤其像全国首例姓名权行政诉讼案这样社会关注度高的案件，公开是最好的盾牌。法律适用不明确时，法院并没有武断依据公安机关的惯例进行判定，而是层层上报审慎求解，最后由全国人大常务委员会进行立法解释。同时，在恢复审理、宣判的重要节点上，J市中院和L区法院通过官方微博、官方微信公众号在第一时间主动向社会发布，公开相关信息。法院通过撰写充分的判决依据释疑解惑，透过新媒体平台，以个案给公众进行普法引导，都收到良好的社会效果。

**2. 公民权利的边界应遵守法律规定及公序良俗**

姓名作为区别社会成员的符号，具有特有的文化价值与民族情感，是对民族语言、历史、宗教、文化等状况的彰显与传承。姓名权不是一项绝对的主观权利，姓氏与名字的选取既要受公共秩序的制约，又不得逾越社会公德之樊篱，具有一定的相对性。我国《宪法》第五十三条规定："公民必须遵守公共秩序、尊重社会公德。"在公民姓名权不断扩张的过程中，全国人大常务委员会对"正当理由"予以规范，既最大限度地尊重公民姓名权的行使，又有利于弘扬社会伦理道德，加深民族认同观念，提升社会管控效率。公民仅凭个人喜好愿望创设姓氏，具有明显的随意性，驳回"北雁云依"的诉讼请求，旨在传播取名或创设姓氏时应当符合中华传统文化和伦理观念。

广州曾有市民给女儿取名"周蔻莱"登记时遭到公安机关拒绝；重庆市民欧阳成功为儿子取名"欧阳成功奋发图强"，在前往公安机关登记时遭到拒绝。公民在申请姓名登记时，作为户籍管理部门的公安机关有权对拟申请的姓氏或名字进行审查，包括从事重要法律行为时必须使用正式姓名、不得基于不正当目的而取与他人相同的名字、不得故意造成姓名权冲突、不得滥用姓名权、不得违背公序良俗等进行审查，以维护公共秩序。同时，对姓名变更申请等管理，公安机关既要有利于公民正确行使权利，又要防止权力滥用，兼顾公民合法权益和社会正常秩序的平衡。

3. 立法规范对司法实务良性回应促进法治进程

本案涉及《民法通则》第九十九条第一款、《婚姻法》第二十二条、S省公安厅《关于规范常住户口管理若干问题的意见（试行）》（L公通〔2006〕302号）等法律法规的解释与适用的问题。上述法律法规并未妥善解决"相对人是否有权在合乎公序良俗的情况下创设姓氏"的问题。《全国人民代表大会常务委员会关于〈中华人民共和国民法通则〉第九十九条第一款、《〈中华人民共和国婚姻法〉第二十二条的解释》划清了公民姓名权的规范边界。该解释在公序良俗之外提出了"合目的性"的限制条件，即创设姓名必须存在"有不违反公序良俗的其他正当理由"，该解释明确规定"正当理由"包括："选取其他直系长辈的姓氏、因法定抚养人以外的人抚养而取得的姓氏、少数民族公民可以从本民族的文化传统和风俗习惯"，而其他理由是否正当则依自由裁量。公民取名权的规范边界得到厘清。公民姓氏原则上随父姓或随母姓，在该两者之外创设新的姓氏必须符合下列条件：第一，不违反法律规定为基本义务；第二，不违反公序良俗为规范要求；第三，存在合目的性的其他正当理由。本案明晰了公民姓名权的规范边界，既体现了立法、司法机关对于个人权利的尊重，也实现了私权利与公权力的动态平衡，以及法律理论与社会价值的内外兼备。

之后，S省公安厅印发了《S省户口登记管理规范（试行）》，将户口登记管理规范（试行）进行相应调整，第七十五条规定："公民依法享有姓名权。公民行使姓名权，应当尊重社会公德，不得损害社会公共利益。"第七十六条规定："公民原则上应当随父姓或者母姓。有下列情形之一的，可以在父姓和母姓之外选取姓氏：（一）选取其他直系长辈血亲的姓氏；（二）因由法定扶养人以外的人扶养而选取扶养人姓氏；（三）有不违反公序良俗的其他正当理由。少数民族公民的姓氏可以按照本民族的文化传统和风俗习惯选取。"

# 案例2　杨某诉 G 市律师协会撤销履行职责案[1]

## 一、基本案情

杨某 1992 年大学毕业后进入检察机关，一直工作至 2015 年 3 月辞职。在此期间，杨某于 2003 年通过国家司法统一考试。2015 年 4 月，辞职后的杨某就职于本地一家律师事务所。

2015 年 4 月 27 日，杨某通过律师事务所向 G 市律协递交了申请律师执业人员实习材料，其中包括一份其当前户籍所在地公安派出所出具的《无犯罪记录证明书》。G 市律协接收材料时向其出具了一份《告知书》，写明"因您的无犯罪记录证明无出具自 14 周岁至今，在申请执业时存在不能审批的风险"。2015 年 5 月 4 日，G 市律协再次向杨某发出《补充材料告知书》，要求杨某补充"申请实习人员户籍所在地公安机关出具的未受过刑事处罚的证明材料原件"。因杨某从 14 岁开始户籍有多次迁移，由于各地派出所均只能开具其户籍在当地的这段时间的无犯罪记录证明，杨某至少需跨省、前往 5 个派出所开证明，才能形成完整的无犯罪记录。因杨某只提供当前户籍所在地公安派出所出具的《无犯罪记录证明书》，G 市律协未审核其实习申请。

---

[1] 本案参考广州铁路运输中级法院行政裁定书（2016）粤 71 行终 35 号编写，https://wenshu.court.gov.cn/website/wenshu/181107ANFZ0BXSK4/index.html?docId=a75eff9baa6944f9afbce1cc5f3047ce，中国裁判文书网。

2015 年 7 月 24 日，杨某向 G 市 Y 区人民法院提起行政诉讼，以 G 市律协不履行法定职责审核她的实习申请为由，请求法院判令 G 市律协对其律师执业人员实习申请期限作出实习登记行政决定。

2015 年 12 月，G 市 Y 区人民法院作出一审裁定，认定该诉讼不属于法院行政诉讼受案范围，据此驳回了杨某的起诉。杨某不服裁定，提起上诉。

2016 年 3 月 28 日，铁路运输中级人民法院二审开庭审理此案，并当庭作出裁定。该院认为，律师协会行使的对申请律师执业人员实习管理权是律师法授予的行政管理权，该管理权涉及申请人的具体权利、义务，与申请人的人身权、财产权有关，应当属于行政诉讼法受案范围。据此，铁路运输中级人民法院裁定撤销一审法院的裁定，将此案发送铁路运输第一法院继续审理。

2016 年 4 月 29 日，G 市律协以"该案涉及全国性和全省性的重大问题，应由中院审理"为由，向法院提起管辖权异议。第三人律师事务所向有关单位进行了调查，并取得了调查结果。经 G 市律协核实，未发现杨某有受过刑事处罚的记录。

后杨某向法院申请撤诉，法院准许其撤回起诉。

## 二、案例研习

### 项目一：法律关系分析

（1）案件性质。此案属于因未履行法定职责引发的行政争议，律师协会出具的申请实习考核合格的材料，是实习人员申请律师执业的重要材料之一。本案因 G 市律师协会未审核杨某的实习申请，对杨某的后续申请律师执业产生影响而引发的行政纠纷。

我国《律师法》第五条规定："申请律师执业，应当具备下列条件：（一）拥护中华人民共和国宪法；（二）通过国家统一法律职业资格考试取得法律职业资格；（三）在律师事务所实习满一年；（四）品行良好。实行国家统一法律职业资格考试前取得的国家统一司法考试合格证书、律师资格凭证，与国家统一法律职业资格证书具有同等效力。"《律师法》第六条规定："申请律师执业的，应当向设区的市级或者直辖市的区人民政府司法行政机关申请，并提交以下材料：国家统一司法考试合格证书；律师协会出具的申请实习考核合格的材料；申请人的身份证明；律师事务所出具的同意接收申请人的证明。"

（2）案件法律关系主体。在行政法律关系中，G市律师协会是行政主体；杨某是行政相对人。

在行政诉讼法律关系中，杨某是本案的原告、G市律师协会是本案的被告、律师事务所是本案的第三人；G市Y区人民法院和G铁路运输第一法院是本案的一审法院；铁路运输中级人民法院是本案的二审法院。

# 项目二：证据材料分析

## 1.被告提供证据分析

根据《行政诉讼法》的规定，被告G市律协在行政诉讼中负有证明被诉行政处罚行为合法的举证责任。G市律协在本案中制作并提供了《补充材料告知书》、律师事务所《情况说明》等证据材料，以证明被诉的行政行为合法。具体包括以下内容：

（1）《补充材料告知书》及传真回执，该证据属于书证，证明被告的告知行为。

（2）律师事务所《情况说明》、律师事务所《G市申请律师执业人员实习申请书》、G市公安局黄花岗派出所《无犯罪记录证明书》（S公越秀证字（2015）290167号）、G市人民检察院《公务员辞去公职批复通知》（第0006号）、律师事务所与原告订立的《G市劳动合同》、G市社会保险基金会管理中心《个人变动历史查询》、律师事务所《社会保险登记证》、律师事务所与原告签署的《G市申请律师执业人员实习协议》、原告杨某的《法律职业资格证书》、原告杨某的居民身份证、原告杨某的学历、学位证书、中国南方人才市场关于杨某档案管理的证明、人事代理费发票。以上证明为书证，证明被告的行为合法及第三人提交申请行为。

（3）各地公安机关出具的《无犯罪记录证明书》范例13份（5人），证明被告的行为合法。

2. 原告提供证据的分析

原告对被诉行政行为的合法性不负有举证责任，但需要对特定事项进行举证。当然，原告有权提供证据证明被诉行政行为的违法性，但原告提供的证据不成立的并不免除被告的举证责任。

在本案中，原告提供大同律师事务所《G市申请律师执业人员实习申请书》、大同律师事务所与原告签署的《G市申请律师执业人员实习协议》、原告杨某的《法律职业资格证书》、原告杨某的居民身份证、原告杨某的学历、学位证书、中国南方人才市场关于杨某档案管理的证明、人事代理费发票，该组证据属于书证，证明原告及第三人大同律师事务所提交的申请律师执业人员实习材料，证明起诉人具有原告资格。

# 项目三：法律适用分析

本案涉及法律规范包括《律师法》（1996 年 5 月 15 日通过，1997 年 1 月 1 日施行）、《中华全国律师协会申请律师执业的人员实习管理规则》（2010 年 8 月 1 月施行）、《G 省申请律师执业人员实习管理办法》（2009 年 8 月 12 日通过）、《行政诉讼法》（2015 年 5 月 1 日实施，已修改）、《最高人民法院关于适用〈中华人民共和国行政诉讼法〉若干问题的解释》（2015 年 5 月 1 日实施，已失效）。

1.《律师法》相关规定

【条文 1】第五条  申请律师执业，应当具备下列条件：

（一）拥护中华人民共和国宪法；

（二）通过国家统一法律职业资格考试取得法律职业资格；

（三）在律师事务所实习满一年；

（四）品行良好。

实行国家统一法律职业资格考试前取得的国家统一司法考试合格证书、律师资格凭证，与国家统一法律职业资格证书具有同等效力。

【条文 2】第六条  申请律师执业的，应当向设区的市级或者直辖市的区人民政府司法行政机关申请，并提交以下材料：

（一）国家统一司法考试合格证书；

（二）律师协会出具的申请实习考核合格的材料；

（三）申请人的身份证明；

（四）律师事务所出具的同意接收申请人的证明。

【适用】原告申请律师职业，应当在律师事务所实习一年。申请律师执业，按照《律师法》的规定向司法行政机关提交材料。

2.《中华全国律师协会申请律师执业的人员实习管理规则》相关规定

【条文3】第七条　拟申请实习的人员，应当通过拟接收其实习的律师事务所向住所地设区的市级律师协会申请实习登记，并提交下列材料：……

【条文4】第十八条　集中培训结束时，应当对参加集中培训的实习人员进行考核。考核可以采取笔试结合面试的方式进行，考核内容根据集中培训大纲确定。

实习人员经考核合格的，由组织培训的律师协会颁发《实习人员集中培训结业证书》；考核不合格的，应当参加律师协会为其再次安排的集中培训，所需时间不计入实习时间。

【条文5】第二十八条　实习人员实习期满后，应当通过律师事务所向准予其实习登记的律师协会提出实习考核申请，并提交下列材料：

（一）实习人员撰写的实习总结；

（二）实习指导律师出具的考评意见；

（三）律师事务所出具的《实习鉴定书》；

（四）律师协会颁发的《实习人员集中培训结业证书》；

（五）实习人员完成实务训练项目的证明材料；

（六）申请律师执业人员实习证；

（七）省、自治区、直辖市律师协会规定的其他材料。

考评意见和《实习鉴定书》应当对实习人员的政治素质、道德品行、业务素质、遵守律师职业道德和实习纪律等方面的情况如实作出评价。

本条第一款第（五）项要求提供的证明材料，是指不少于十份的实习人员参加主要实务训练项目形成的工作文书、操作记录、训练心得以及指导律师的点评意见。

【条文6】第二十九条　律师协会应当自收到律师事务所提交的实习考核申请材料之日起六十日内，组织对实习人员进行考核。

因同一时期申请考核的人员过多或者有其他特殊情况的，律师协会可以适当延长考核时间，但延长的时间不得超过三十日。

实习人员因涉嫌违法犯罪被立案查处的，实习考核应当暂停，待案件查处有结果后再决定是否继续进行考核。

【条文7】第三十二条　对实习人员的考核，按照下列程序和方法进行：

（一）审查实习人员及律师事务所提交的实习考核申请材料，发现材料不真实、不齐全或者有疑义的，应当要求实习人员及律师事务所作出说明或者予以补正；

（二）根据审查情况，可以采用笔试或者面试的方式，对实习人员的政治素质、道德品行、业务素质和掌握律师职业道德、律师执业管理制度的情况进行综合素质测评；

（三）对经审查、测评合格的实习人员，应当以适当方式将其名单、基本情况及审查、测评的结果予以公示，公示期不得少于五日，接到有问题的举报应当立即调查核实；

（四）对通过前三项考核程序的实习人员，由实习考核委员会进行集体评议，形成最终考核意见，并由律师协会负责人签字确认。

【条文8】第三十三条　经考核，实习人员符合下列条件的，律师协会应当为其出具考核合格意见：

（一）完成集中培训项目并取得《实习人员集中培训结业证书》；

（二）完成实务训练项目并被实习指导律师和律师事务所考评、鉴定合格；

（三）通过综合素质测评被评定为具备律师执业基本素质；

（四）遵守律师职业道德和实习纪律，没有发生违反本规则规定的违法违规行为。

对考核合格的，律师协会应当将考核合格意见填入《实习人员登记表》，并在十五日内书面通知被考核的实习人员及接收其实习的律师事务所，同时将考核结果报省、自治区、直辖市律师协会备案，抄送当地设区的市级或者直辖市区（县）司法行政机关。

【条文9】第三十四条　经考核，实习人员不符合本规则第三十三条规定条件的，律师协会应当对其出具考核不合格的意见，并区别下列情况给予相应的处理：

（一）有本规则第十一条第一款第（一）项至第（四）项规定情形之一的，应当出具该实习人员不符合法定律师执业条件的考核意见；

（二）有本规则第十一条第一款第（五）项及第十二条第一款所列不良品行情形之一的，应当出具考核不合格的意见，并给予五年内不得再次申请实习的处分；

（三）有本规则第二十四条规定的严重违反实习纪律的行为之一的，应当出具考核不合格的意见，并给予二年内不得再次申请实习的处分；

（四）有不符合本规则第三十三条第一款第（一）项至第（三）项规定条件情形之一的，应当区别情况要求实习人员补足或者完成相关实习项目，待其完成实习项目后重新进行考核，所需时间不计入实习时间。

对考核不合格的，律师协会应当将考核不合格的意见、理由及处理结果填入《实习人员登记表》，并在十五日内书面通知被考核的实习人员及接收其实习的律师事务所，同时将考核结果报省、自治区、直辖市律师协会备案，抄送当地设区的市级或者直辖市区（县）司法行政机关。

实习人员对考核不合格的意见及处理结果有异议的，可以自收到书面通知之日起十五日内，向组织考核的律师协会或者省、自治区、直辖市律师协会申请复核。律师协会应当自收到复核申请之日起十五日内进行复核，并将复核结果通知申请人。

省、自治区、直辖市律师协会发现考核工作有违反规定情形的，应当责令组织考核的律师协会对实习人员重新进行考核。

【条文 10】第三十五条　律师协会出具的考核合格意见，是实习人员符合申请律师执业条件的有效证明文件。

经律师协会考核合格的人员，应当自收到考核合格通知之日起一年内向司法行政机关申请律师执业。超过一年申请律师执业的，应当由律师协会重新对其进行考核。

【适用】原告申请律师职业，应当按照《中华全国律师协会申请律师执业的人员实习管理规则》相关规定，提交相应材料；律师协会对实习律师进行考核的，应当按照上述规定进行考核、出具意见、进行复核。

3.《G 省申请律师执业人员实习管理办法》相关规定

【条文 11】第十一条　申请实习，由拟接收实习人员的律师事务所向主管司法行政机关提交以下材料：

（一）《实习律师备案表》；

（二）实习人员与拟接受其实习的律师事务所之间签订的《实习协议》；

（三）法律职业资格证书或者律师资格证书、学历证书复印件；

（四）拟申请实习人员的居民身份证及户口本复印件；

（五）考试机构出具的资格证明材料（获得法律职业资格证书的，由律师事务所向海南省司法厅司法考试处申请出具资格证明函，在外省考取的，由律师事务所向海南省司法厅司法考试处申请调档和出具资格证明函；获得律师资格证书的，律师资格档案不在本省的，由律师事务所向海南省司法厅律公处申请调档，自行携带档案的，不予接受）。

（六）非本省户籍的拟实习人员应提交本省公安机关核发的居住证或者暂住证复印件；

申请实习人员实习前没有参加工作的，应提供实习人员所在地、户籍所在地居委会或村委会的证明，毕业院校的派遣证或劳动部门颁发的待业证复印件；已参加工作的，应提供所在单位出具的辞职证明。

上述两类人员同时还应提交符合本省关于律师人事档案托管办法规定的托管证明及其简历。

离退休（含离岗退养）人员申请实习的，应提供离退休证或离退休（离岗退养）批准文件复印件。

（七）拟申请实习人员户籍所在地公安机关出具的未受过刑事处罚的证明材料；

（八）拟申请实习人员近期一寸免冠蓝底非制服彩照两张；

（九）拟兼职从事律师职业的人员申请实习的，应提交前款除第（六）项规定以外的其他材料，并同时提交其所在的高等院校法学院

（系）、法学研究单位的人事部门出具的同意其兼职实习的证明文件和所在单位的工作证复印件。

以上材料需提供复印件的，统一使用 A4 纸复印，经接收实习人员的律师事务所核对原件并签署"复印件与原件核对无误"字样后，由核对人签名并加盖律师事务所公章；同时，接收实习人员的律师事务所还须将原件递交主管司法行政机关审核。

【条文12】第二十六条　实行实习律师坐班制和工作日记制。律师事务所必须建立实习律师考勤登记制度，考勤登记由律师事务所内勤负责，工作日记每月由指导律师签字。实习律师实习期缺勤超过六十天的，律师事务所不得作出合格鉴定。

【条文13】第三十六条　实行实习律师考核制度。实习律师考核分为平时考核和期满考核。

实习律师实习期满十五天内，所在律师事务所应召开实习律师评议会议，就实习律师的思想道德、业务能力和工作态度等作出评议，并在此基础上作出实习鉴定，连同实习律师的案件办理报告书、心得体会、工作日记、书面实习总结、考勤登记表一并上报律协。

律协对实习律师的思想道德、业务能力、工作态度等进行全面考核。考核采取材料审核、实地考察、模拟法庭、知识问答、专家评议等方式进行。考核合格者，律协应当在《实习律师登记表》上签署考核合格意见，作为实习律师申请律师执业证的有效证明文件。考核不合格者，适当延长实习期。

思想道德主要指是否拥护中华人民共和国宪法、是否坚持四项基本原则、有无违反职业道德和执业纪律等；业务能力是指是否完成本办法第二十四条规定的实习业务量；工作态度是指实习律师实习期间是否服从工作安排、勤勉尽责、诚信敬业。

【条文 14】第四十二条　实习律师有下列行为或情形之一的，由律协视情节轻重，延长一至十二个月实习期：

（一）不在律师事务所坐班实习的；

（二）实习工作日和工作日记记载达不到要求的；

（三）不参加集中培训或者集中培训考试成绩不合格的；

（四）所在的律师事务所给予不合格鉴定的；

（五）擅自变更指导律师的；

（六）擅自转所实习的；

（七）未完成本办法第二十一条规定业务量的；

（八）其他应予延长实习期的行为。

4.《G 市申请律师执业人员管理规则实施细则》相关规定

【条文 15】第十六条　申请实习人员除提交材料不符合要求外，如有下列情形之一的，不准予其实习登记：

（一）有公开发表反对中华人民共和国宪法言论的；

（二）受过刑事处罚的，但过失犯罪的除外；

（三）被开除公职或者被吊销律师执业证书的；

（四）无民事行为能力或者限制民事行为能力的；

（五）有不宜从事律师职业的不良品行的；

（六）受到不得再次申请实习的处分，处分期限未满的。

因执业机构或者实习指导律师不符合本细则规定条件而不准予实习登记的，由本会书面告知申请实习人员另行选择接收其实习的执业机构或者实习指导律师。

申请实习人员因涉嫌违法犯罪被立案查处的，应当暂缓实习登记，待案件查处有结果后再决定是否准予其实习登记。

【条文16】第五十二条　本会自收到执业机构提交的实习考核申请材料之日起六十日内，组织对实习人员进行考核。

【条文17】第五十三条　考核小组作出考核合格或不合格的评议决定后，将在本会网站上公示该考核结果。公示期不得少于七日。

【条文18】第五十四条　公示结束后，未收到针对该实习人员考核合格异议的，考核小组意见即为该实习人员的期满考核成绩。本会将考核合格意见填入《广州市申请律师执业实习人员鉴定表》，并通知被考核的实习人员及接收其实习的执业机构。

针对实习人员考核合格提出异议的，按照相关规定处理，异议不成立的，考核合格。

【条文19】第五十五条　本会出具的考核合格意见，是实习人员符合申请律师执业条件的有效证明文件。

【适用】原告申请律师职业，应当按照《G省申请律师执业人员实习管理办法》《G市申请律师执业人员管理规则实施细则》相关规定，提交相应材料；律师协会对实习律师进行考核的，应当按照上述规定进行考核、出具意见、进行复核。

5.《行政诉讼法》相关规定

【条文20】第二条　公民、法人或者其他组织认为行政机关和行政机关工作人员的行政行为侵犯其合法权益，有权依照本法向人民法院提起诉讼。

前款所称行政行为，包括法律、法规、规章授权的组织作出的行政行为。

【条文 21】第十二条　人民法院受理公民、法人或者其他组织提起的下列诉讼：

（十二）认为行政机关侵犯其他人身权、财产权等合法权益的。

除前款规定外，人民法院受理法律、法规规定可以提起诉讼的其他行政案件。

【条文 22】第十八条　行政案件由最初作出行政行为的行政机关所在地人民法院管辖。经复议的案件，也可以由复议机关所在地人民法院管辖。

【条文 23】第十八条　行政案件由最初作出行政行为的行政机关所在地人民法院管辖。经复议的案件，也可以由复议机关所在地人民法院管辖。

【条文 24】第三十四条　被告对作出的行政行为负有举证责任，应当提供作出该行政行为的证据和所依据的规范性文件。

被告不提供或者无正当理由逾期提供证据，视为没有相应证据。但是，被诉行政行为涉及第三人合法权益，第三人提供证据的除外。

【条文 25】第六十九条　行政行为证据确凿，适用法律、法规正确，符合法定程序的，或者原告申请被告履行法定职责或者给付义务理由不成立的，人民法院判决驳回原告的诉讼请求。

【适用】律师协会的考核结果，属于人民法院行政诉讼的受案范围，原告有权提起行政诉讼，律师协会可以作为行政诉讼的被告，有权管辖的法院为律师协会所在地的基层人民法院，被告对被诉行政行为的合法性承担举证责任，原告对符合起诉条件承担举证责任。

# 项目四：争议焦点分析

本案的争议焦点为实习律师不服律师协会的实习管理行为是否属于人民法院的受案范围。原告以G市律协不履行法定职责审核她的实习申请为由，请求法院判令G市律协对其律师执业人员实习申请期限作出实习登记行政决定，一审法院认定该诉讼不属于法院行政诉讼受案范围，裁定驳回起诉；二审法院认为律师协会行使的对申请律师执业人员实习管理权是律师法授予的行政管理权，该管理权涉及申请人的具体权利、义务，与申请人的人身权、财产权有关，应当属于行政诉讼法受案范围。

《律师法》第四十三条规定，律师协会是社会团体法人，是律师的自律性组织。成员们将私权让渡给律师协会，形成了律师协会的自治权。《律师法》第四十六条规定，律师协会组织律师业务培训和职业道德、执业纪律教育，对律师的执业活动进行考核；组织管理申请律师执业人员的实习活动，对实习人员进行考核；对律师、律师事务所实施奖励和惩戒等。基于《律师法》的授权，律师协会拥有了行政管理职权。司法部颁布《律师执业管理办法》第六条规定了申请律师执业人员需要参加律协组织的活动。《中华全国律师协会申请律师执业人员实习管理规则》对于申请律师执业人员的实习活动、实习考核制定了细则，其中涉及不准予实习登记行为、撤销实习登记行为、重复集中培训行为，还包括警告、收缴实习证并给予两年不得申请实习、被停止实习不得再次申请实习等惩戒行为。

目前，司法机关对以律师协会为被告的行政诉讼案件，认识不统一，裁判结果也各异。有的法院以律师协会是社会组织而不是行政机关为由，认为其不具备行政诉讼主体资格；有的以所争议的行为属于行业自治管理的行为为由，认为其不属于行政诉讼的受案范围。

实习登记不同于房屋所有权的行政确认，它不直接规定行政相对人的权利义务，却是行政相对人权利义务的先决条件。实习登记间接决定了行政相对人的权利义务，实质上影响了律师执业许可的获得与否。中华全国律师协会制定的《申请律师执业人员实习管理规则》第二章规定实习登记申请人需要提供的材料包括十三项，《G省申请律师执业人员实习管理办法》需要提供的材料还包括购买社会保险的证明、学历证明等材料。

律师协会行使对实习律师的管理权能否得到正确的行使，将直接影响到实习律师群体的切实利益，实习律师对律师协会的管理行为不服提起行政诉讼，应当属于人民法院的受案范围。

## 三、延伸思考

### 1. 行政诉讼受案范围之行政行为的判定标准

律师协会的处分行为，是行政行为，还是行业自律行为？是否具有司法救济权？理论界和实务界的观点并不一致。2005年，北京市律师李某起诉北京市律师协会行政诉讼中，人民法院以律师协会属于社会团体，其对管理人员作出的处理决定不符合法院受理条件为由裁定驳回起诉；王某诉海南省律师协会行政诉讼中，被告海南省律师协会认为：律师协会组织管理申请律师执业人员的实习活动，对实习人员进行考核，依据行业规范作出的内部考核结论，是履行行业内部管理职责的行为，不是行政行为。行业组织可以成为行政案件的被告，但只有在行业组织履行法律授权的行政行为或受行政机关委托作出行政行为时，才能成为行政案件的被告。律师协会对实习人员的考核，是行业自律管理行为，不是行政行为，因而既非法律授权的行政行为，也非行政机关授权而为的行政行为，故不属于行政诉讼受案范围。

随着司法解释的出台和司法的实践演进，虽然律师协会可以成为行政诉讼被告的观点在司法实践中被逐步接受，但对于处分行为的性质，依然存在较大争议。传统司法实践中，法院的判断标准仍明显地强调行为标准，侧重从行为主体、类型和形态上来界定其是否属于受案范围。在本案中，铁路运输中级法院在对律师协会被诉行为是否属于法院受案范围的论证中，强调是否准予实习登记作为对取得律师执业许可起到决定性作用的前置条件，是"对外产生法律效力、对实习登记申请人产生重大权利义务影响的行政管理行为"，因此不应限制和剥夺申请人的法定救济权利。这一立场明显揭示了法院关注点从重形式到重实质的转移，"权利义务实际影响"标准在行政诉讼受案范围衡量中地位明显上升。

2. 行政诉讼被告资格中行政委托与行政授权的认定

根据 2017 年《最高人民法院关于适用〈中华人民共和国行政诉讼法〉的解释》第二十四条，关于村民委员会、居民委员会、高等学校等事业单位以及律师协会、注册会计师协会等行业协会被告资格的规定，当事人对高等学校等事业单位以及律师协会、注册会计师协会等行业协会依据法律、法规、规章的授权实施的行政行为不服提起诉讼的，以该事业单位、行业协会为被告。当事人对高等学校等事业单位以及律师协会、注册会计师协会等行业协会受行政机关委托作出的行为不服提起诉讼的，以委托的行政机关为被告。

3. 律师惩戒权

律师协会作为行业自治组织，对于律师违规行为具有处分权。1996

年《律师法》出台之后，我国陆续发布了多项关于律师惩戒工作的意见，由此确立了司法行政机关主导的惩戒架构。在 2008 年修订的《律师法》施行后，我国进一步明确了司法行政机关与律师协会共同行使惩戒权的管理体制。

律师惩戒权作为律师惩戒制度的重要组成部分，对于规范行业秩序，保护社会利益具有重要的意义。近年来，各地律师协会加大了对律师和律师事务所违规行为的惩戒工作力度，进一步强化了律师职业道德和执业纪律教育，促使律师自觉规范执业行为，不断提高自身素质、服务水平和服务质量，从而使行业惩戒工作在加强律师队伍建设方面发挥了重要作用。

根据全国律师协会投诉受理查处中心作出的律师协会惩戒工作数据统计与分析可以发现，律师协会受理的处分案件数不断上升。各地律师协会通过加大惩戒工作投入，严格规范惩戒制度，确保了律师违规行为得到及时有效查处，促进行业协会惩戒工作体系进一步完善。因此，在借鉴先进经验的基础上，因地制宜，逐步完善我国的律师惩戒权，逐步强化律师协会的自治能力，逐步完善我国的律师惩戒体系，律师协会充分发挥其优势，不断推动律师行业健康有序的发展。

# 案例 3　刘某某诉 W 市 M 区人力资源和社会保障局案[1]

## 一、基本案情

2001 年 1 月 7 日，M 市铁厂沟镇三矿副矿长刘某某得知矿井煤层采仓仓顶被拉空，将给煤矿生产安全带来隐患。为保证煤矿安全生产，1 月 8 日晚 10 时许，刘某某与炮工余远贵一起在职工宿舍内，将瞬发电雷管改制成延期电雷管时，雷管爆炸，将刘某某的左手拇指、食指、中指炸去，无名指受伤。事发后，铁厂沟镇煤矿立即将刘某某送往医院救治，并承担了刘某某的全部医疗费用。3 月 21 日，铁厂沟镇煤矿与刘某某达成赔偿协议，由铁厂沟镇煤矿给刘某某今后生活费、营养费一次性补助 15000 元。

2001 年 4 月 9 日，刘某某向 M 市劳动局申请工伤认定。2001 年 4 月 25 日，M 市劳动局作出不予认定工伤决定。其理由有两点：一是不在工作的时间和区域内，因不安全因素所受伤；二是刘某某擅自改装爆炸物的行为属违法行为。

刘某某申请自治州劳动人事局复议，自治州劳动人事局维持了 M 市劳动局不予认定工伤决定。

刘某某向 M 市人民法院提起行政诉讼，M 市人民法院经审理以

---

[1] 本案据刘自荣诉新疆维吾尔自治区乌鲁木齐市米东区人力资源和社会保障局再审行政判决书（2011）行提字第 15 号，《最高人民检察院公报》2013 年第 5 号（总第 136 号）编写。

（2001）米行初字第 14 号行政判决撤销了 M 市劳动局 2001 年 4 月 25 日作出的不予认定工伤决定。

2001 年 10 月 20 日，M 市劳动局重新作出 M 劳人职安字（2001）第 1 号工伤认定通知书，不予认定工伤。

刘某某又向 M 市人民法院提起行政诉讼，M 市人民法院以（2002）M 行初字第 2 号行政判决撤销了 M 市劳动局米劳人职安字（2001）第 1 号工伤认定通知书。

2002 年 7 月 3 日，M 市劳动局米劳人字（2002）24 号《关于不予认定刘某某为工伤的决定》（以下简称第 24 号《决定》）不予认定工伤的主要理由有两点：一是刘某某改造电雷管的行为未经领导指派，属个人私自制造行为，且不在工作时间和工作区域内，不符合劳部发（1996）266 号《企业职工工伤保险试行办法》（以下简称《工伤保险试行办法》）第八条第四款及其他条款的规定；二是刘某某与炮工余某某的行为违反了《中华人民共和国民用爆炸物品管理条例》和公安部 2001 年 8 月 28 日《关于对未经许可将火雷管改为电发雷管的行为如何处理问题的批复》，是一种非法制造爆炸物的行为，属违法行为，依据《工伤保险试行办法》第九条第一项"犯罪或违法的"不予认定工伤。

刘某某不服，再次向 M 市人民法院提起诉讼，请求撤销第 24 号《决定》。

M 市人民法院作出（2002）M 行初字第 9 号行政判决，以 M 市劳动局适用法律、法规错误为由，撤销第 24 号《决定》。M 市劳动局不服，提出上诉。

自治州中级人民法院作出（2002）C 中行终字第 32 号行政判决，撤销 M 市人民法院（2002）M 行初字第 9 号行政判决，维持 M 市劳动局第 24 号《决定》。

刘某某不服（2002）C 中行终字第 32 号行政判决，向自治州中级人民法院申请再审，中级人民法院以（2003）C 中行监字第 5 号驳回再审通知书驳回了刘某某的再审申请。

刘某某向高级人民法院申请再审，该院以（2005）X 行监字第 4 号行政裁定书裁定中止原判决的执行，对本案提审。

高级人民法院对本案再审后作出（2006）新行再字第 2 号行政判决，维持自治州中级人民法院（2002）C 中行终字第 32 号行政判决。高级人民法院（2006）X 行再字第 2 号行政判决认定刘某某改制雷管行为是为了避免因工作失误受到处罚，而不是为了企业的合法利益或重大利益，并据此判决维持自治州中级人民法院（2002）C 中行终字第 32 号行政判决，属于认定事实证据不足，适用法律不当，应予纠正。

刘某某仍不服，向检察机关提出申诉，人民检察院立案审查后提请最高人民检察院抗诉。2011 年 3 月 31 日，最高人民检察院以高检行抗（2011）2 号行政抗诉书向最高人民法院提出抗诉。

2013 年 3 月 22 日，最高人民法院再审判决撤销原再审、二审判决，维持一审撤销被诉行为判决，并责令 M 市劳动局重新作出具体行政行为。

## 二、案例研习

### 项目一：法律关系分析

1. 案件性质

此案属于行政确认案件，具体而言，是刘某某因不服 W 市 M 区人力资源和社会保障局数个工伤认定行为引发的系列行政诉讼纠纷。

2. 案件法律关系主体

在行政法律关系中，M区（市）人力资源和社会保障局是行政主体；刘某某是行政相对人，M市铁厂沟镇矿是第三人。

在行政诉讼法律关系中，M区（市）人力资源和社会保障局是行政诉讼的一审被告、刘某某是行政诉讼原告、M市人民法院是本案的一审法院；M市劳动局是上诉人、刘某某是被上诉人、C自治州中级人民法院是本案的二审法院；刘某某是申诉人、M区（市）人力资源和社会保障局是被申诉人。

# 项目二：行政行为及救济程序分析

刘某某工伤认定纠纷抗诉案处理前后长达12年之久，历经申请工伤认定、行政复议、一审、二审、再审，经历了四级法院的审理，最后经最高人民检察院抗诉，最高人民法院提审，采纳检察机关抗诉意见而改判。

1. 行政确认

2001年4月9日，刘某某向M市劳动局申请工伤认定。但M市劳动局作出了不予认定工伤决定。M市劳动局对刘某某重新作出不予认定为工伤的决定。其理由有两点：一是不在工作的时间和区域内，因不安全因素所受伤；二是刘某某擅自改装爆炸物的行为属违法行为。

2. 行政复议

刘某某申请C回族自治州劳动人事局复议，C回族自治州劳动人事局作出维持M市劳动局不予认定工伤决定。

3. 行政诉讼

（1）一审

刘某某向 M 市人民法院提起了行政诉讼。一审法院经审理以适用法律错误为由对 M 市劳动局的不予认定工伤决定予以撤销。首先，M 市劳动局在此通知中没有认定事实。刘某某改制雷管的行为从根本上说与企业利益相关，是为了避免煤矿生产安全上存在隐患，是从事于企业有利的行为。即使不在工作的时间和区域，只要刘某某的行为不构成违法、犯罪或蓄意违章，则应对其认定为工伤，享受相应的待遇；其次，漏用了相关的法律、法规。公安部《关于对将瞬发电雷管改制为延期电雷管的行为如何定性的意见》中明确答复，对将瞬发电雷管改制为延期电雷管的行为不应定性为非法制造爆炸物品。因此，M 市劳动局认定刘某某不属工伤的理由不能成立。

（2）二审

M 市劳动局不服一审判决，提出上诉。二审法院经审理认为：M 市劳动局所作的第 24 号《决定》，对刘某某受伤的基本事实认定清楚。刘某某身为副矿长，理应严格遵守国家关于爆炸物品的管理规定，但其与所管理的炮工在工作之余私自改制延期雷管，造成人身伤害，其改制雷管的行为不但是在非工作时间和非工作区域内，且严重违反了国家有关的安全生产的规定，具有一定的社会危害性。不应认定为工伤，M 市劳动局对刘某某的工伤申请所作的认定决定，认定事实清楚，适用法律正确，决定程序合法，原审判决予以撤销属于适用法律错误，M 市劳动局的上诉理由成立，予以支持。

（3）高院再审

高级人民法院再审认为：本案争议的关键是刘某某行为的定性。作为专业的放炮工，理应严格遵守国家有关爆炸物品的管理规定，其改制雷管的行为虽然不构成非法制造爆炸物品的行为，但也属于严重违反国家有关安全规定和民爆器材产品质量技术性能规定的行为，具有一定的社会危害性。《中华人民共和国民用爆炸物品管理条例》对爆破器材的使用有严格的限制性规定，使用雷管的企业和操作人员均有义务严格遵守。刘某某作为煤矿特种作业人员，不应以企业惯例来对抗国家的强制性规定，且其改制雷管的行为是为了避免工人因工作失误受到处罚，而不是为了企业的合法利益或重大利益。一审法院认定此种行为系为了避免煤矿生产安全上存在隐患，是从事于企业有利的行为显属不当。M 市劳动局认定刘某某不属工伤的理由充分，适用法律法规正确。原一审法院适用法律错误，二审法院予以改判是正确的。

（4）最高法再审

刘某某不服再审判决，向人民检察院提出申诉，该院受理申诉后，在审查期间做了大量工作，经过认真审查后，依法提请最高人民检察院抗诉。最高人民检察院依法向最高人民法院提起了抗诉。

本案中，最高人民检察院在收到人民检察院的提请抗诉报告后，进行了全面审查。经审查，于 2011 年 3 月 31 日以高检行抗（2011）2 号行政抗诉书向最高人民法院提出抗诉。最高人民检察院在行政抗诉书中，指出和论证了高院再审判决认定刘某某不属工伤，在认定事实与适用法律方面存在的错误。比如，针对 M 市劳动局认定刘某某不属工伤存在事实证据不足的问题，行政抗诉书指出，"煤矿仓顶拉空，对煤矿安全造成隐患，且炮工无法下井工作，对生产造成影响这一事实客观存在"，"终审判决认定刘某某改制雷管的行为是为了避免工人因工作失误受到处罚，而不是为了企业的合法利益或重大利益属认定事实的证据不足"，"本案终审判决已认定刘某某改造电雷管行为，不属非法制造爆炸物品行为"。

最高人民法院经审理认为：刘某某基于煤矿正常生产的需要而与其他炮工一起在工人宿舍内将瞬发电雷管改制成延期电雷管，并因雷管爆炸而受伤，尽管其中不能排除具有避免工人因工作失误遭受处罚的因素，但该行为显然与本单位工作需要和利益具有直接关系，符合《企业职工工伤保险试行办法》规定。公安部《关于对将瞬发电雷管改制为延期电雷管的行为如何定性的意见》认为，雷管中含有猛炸药、起爆药等危险物质，在没有任何防护的条件下将瞬发电雷管改制为延期电雷管，属于严重违反国家有关安全规定和民爆器材产品质量技术性能规定的行为，不应定性为非法制造爆炸物品的行为。参照上述规定，本案刘某某将瞬发电雷管改制成延期电雷管的行为，不属于《企业职工工伤保险试行办法》规定的"犯罪或违法"情形。最高人民检察院抗诉理由成立，判决撤销高院的再审判决和自治州中院的二审判决；维持 M 法院一审判决；责令 M 区人力资源和社会保障局重新作出具体行政行为。

## 项目三：法律适用分析

本案当事人刘某某的工伤事故发生于 2001 年，当时《工伤保险条例》尚未出台，应适用 1996 年劳动部制定的《企业职工工伤保险试行办法》进行工伤确认。

本案涉及法律规范包括：《企业职工工伤保险试行办法》（劳部发

〔1996〕266 号，1996 年 10 月 1 日实施，已失效）、《行政诉讼法》（1990 年 10 月 1 日实施，已被修改）、公安部相关批复。

1.《企业职工工伤保险试行办法》相关规定

【条文 1】第八条　职工由于下列情形之一负伤、致残、死亡的，应当认定为工伤。

（一）从事本单位日常生产、工作或者本单位负责人临时指定的工作的，在紧急情况下，虽未经本单位负责人指定但从事直接关系本单位重大利益的工作的；

（二）经本单位负责人安排或者同意，从事与本单位有关的科学试验、发明创造和技术改进工作的；

（三）在生产工作环境中接触职业性有害因素造成职业病的；

（四）在生产工作的时间和区域内，由于不安全因素造成意外伤害的，或者由于工作紧张突发疾病造成死亡或经第一次抢救治疗后全部丧失劳动能力的；

（五）因履行职责遭致人身伤害的；

（六）从事抢险、救灾、救人等维护国家、社会和公众利益的活动的；

（七）因公、因战致残的军人复员转业到企业工作后旧伤复发的；

（八）因公外出期间，由于工作原因，遭受交通事故或其他意外事故造成伤害或者失踪的，或因突发疾病造成死亡或者经第一次抢救治疗后全部丧失劳动能力的；

（九）在上下班的规定时间和必经路线上，发生无本人责任或者非本人主要责任的道路交通机动车事故的；

（十）法律、法规规定的其他情形。

【适用】在本案中，应结合具体案情和证据，就是否属于上述情形作出综合认定。

【条文2】第九条 职工由于下列情形之一造成负伤、致残、死亡的，不应认定为工伤：

（一）犯罪或违法；

（二）自杀或自残；

（三）斗殴；

（四）酗酒；

（五）蓄意违章；

（六）法律、法规规定的其他情形。

【适用】在本案中，原告不存在上述不应认定为工伤的情形。

【条文3】第一条 为了保障劳动者在工作中遭受事故伤害和患职业病后获得医疗救治、经济补偿和职业康复的权利，分散工伤风险，促进工伤预防，根据《劳动法》，制定本办法。

【适用】在本案中，工伤保险属于分散工伤保险的内容，应当受该法保护。

2. 公安部相关批复

【条文4】公安部第三局《关于对未经许可将火雷管改为电发雷管的行为如何处理问题的批复》（公传发〔2001〕2454号、2001年8月28日），该批复中将火雷管改为电发雷管的行为定性未为非法制造爆炸物行为。

【条文5】公安部公治办〔2002〕867号《关于将瞬发电雷管改制为延

期电雷管的行为如何定性的意见》雷管中含有多种爆炸物质，在没有任何防护的条件下擅自改制雷管，虽严重违反国家有关安全规定，但不能定性为非法制造爆炸物品行为。对将瞬发电雷管改制为延期电雷管的行为不应定性为非法制造爆炸物品。

【适用】对于改造电雷管的行为的性质，应当结合行为的性质和规章及规范性文件的规定，作出综合认定。

　　3.《行政诉讼法》相关规定

【条文6】第二条　公民、法人或者其他组织认为行政机关和行政机关工作人员的具体行政行为侵犯其合法权益，有权依照本法向人民法院提起诉讼。

【适用】在本案中，刘某某认为工伤认定的行为侵犯其合法权益，有提起行政诉讼的权利，具有行政诉讼的原告资格。

【条文7】第十一条第一款八款　认为行政机关侵犯其他人身权、财产权的。

【适用】本案因工伤认定发生的争议，认为财产权合法权益受到侵犯，属于行政诉讼的受案范围。

【条文8】第十七条　行政案件由最初作出具体行政行为的行政机关所在地人民法院管辖。经复议的案件，复议机关改变原具体行政行为的，也可以由复议机关所在地人民法院管辖。

【适用】本案有管辖权的法院，应当由被告最初作出工伤认定的人事局所在地或者复议机关所在地的基层人民法院受理。

【条文9】第三十二条　被告对作出的具体行政行为负有举证责任，应当提供作出该具体行政行为的证据和所依据的规范性文件。

【适用】在本案中，被告按照上述举证责任的要求，在诉讼的各个阶段进行了举证。

【条文10】第五十四条　人民法院经过审理，根据不同情况，分别作出以下判决：

（一）具体行政行为证据确凿，适用法律、法规正确，符合法定程序的，判决维持。

（二）具体行政行为有下列情形之一的，判决撤销或者部分撤销，并可以判决被告重新作出具体行政行为：

1.主要证据不足的；

2.适用法律、法规错误的；

3.违反法定程序的；

4.超越职权的；

5.滥用职权的。

（三）被告不履行或者拖延履行法定职责的，判决其在一定期限内履行。

（四）行政处罚显失公正的，可以判决变更。

【条文11】第六十一条　人民法院审理上诉案件，按照下列情形，分别处理：

（一）原判决认定事实清楚，适用法律、法规正确的，判决驳回上诉，维持原判；

（二）原判决认定事实清楚，但适用法律、法规错误的，依法改判；

（三）原判决认定事实不清，证据不足，或者由于违反法定程序可能影响案件正确判决的，裁定撤销原判，发回原审人民法院重审，也可以查清事实后改判。当事人对重审案件的判决、裁定，可以上诉。

【条文12】第六十四条　人民检察院对人民法院已经发生法律效力的判决、裁定，发现违反法律、法规规定的，有权按照审判监督程序提出抗诉。

【适用】在本案中，一审、二审、再审法院依据上述法律规定分别作出了撤销、维持、维持的判决，最高人民法院判决撤销再审判决和二审判决，维持一审判决，责令重新作出具体行政行为。

## 项目四：争议焦点分析

工伤保险是指依法为在生产、工作中遭受事故伤害或者患职业性疾病的劳动者及其亲属提供医疗救治、生活保障、经济补偿、医疗和职业康复等物质帮助的一种社会保障制度，直接涉及劳动者合法权益的保护。本案争议系起因于工伤认定，对于本案的基本事实和证据，法院与行政机关之间、上下级法院之间、法院与检察院之间均无异议。本案的争议焦点是如何定性刘某某擅自改制雷管致伤的行为，这就必然涉及法律适用问题。

1. 刘某某改制雷管致伤的行为是否构成犯罪或者违法

《企业职工工伤保险试行办法》第九条规定，职工由于下列情形之一造成负伤、致残、死亡的，不应认定为工伤：（一）犯罪或违法。刘某某改制雷管致伤的行为是否构成犯罪，事关本案是否认定为工伤的关键。根据公安部公治办〔2002〕867号《关于将瞬发电雷管改制为延期电雷管的行为如何定性的意见》雷管中含有多种爆炸物质，在没有任何防护的条件下擅自改制雷管，虽严重违反国家有关安全规定，但不能定性为非法制造爆炸物品行为。对将刘某某瞬发电雷管改制为延期电雷管的行为不应定性为非法制造爆炸物品。

2. 刘某某改制雷管致伤是否构成工伤

虽然刘某某改制慢发雷管有避免工人因工作失误受到处罚的因素，但从根本上说是其身为副矿长为保证生产正常进行，为了避免煤矿生产安全上存在隐患，与其工作相关联，是从事于企业有利的行为。即使不在工作的时间和区域，只要刘某某的行为不构成违法、犯罪或蓄意违章，则应对其认定为工伤，享受相应的待遇。刘某某作为副矿长，其基于煤矿正常生产的需要将瞬发电雷管改制成延期电雷管，并因雷管爆炸而受伤，尽管其中不能排除具有避免工人因工作失误遭受处罚的因素，但该行为显然与本单位工作需要和利益具有直接关系，符合《企业职工工伤保险试行办法》第八条第一项规定的情形，应当认定为工伤。

综上，刘某某改制雷管致伤并不构成犯罪或违法。

# 三、延伸思考

1. 检察机关积极发挥法律监督职能

我国《宪法》和《人民检察院组织法》都规定，人民检察院是国家的法律监督机关。按照我国行政诉讼法的规定，对已经发生法律效力的行政判决、裁定启动再审程序，有当事人申请再审、人民法院依职权再审和依人民检察院监督再审三种方式。地方各级人民检察院对同级人民法院已经发生法律效力的判决、裁定，发现确有错误的，可以提请上级人民检察院向同级人民法院提出抗诉。也就是说，下级检察院提请抗诉，是上级检察院受理行政申诉案件的来源之一。抗诉是我国行政诉讼法规定的检察机关对生效行政判决裁定进行监督的方式之一，相对于当事人申请再审来说，抗诉具有当然启动再审程序的刚性约束力。

本案是一起由 C 自治区人民检察院提请抗诉，最高人民检察院依法提出抗诉，检察机关接力监督启动再审程序的典型案件。C 自治区人民检察院的提请抗诉为最高人民检察院提出抗诉奠定了基础，也做了大量审查工作，依法提请最高人民检察院抗诉，为下一步提出抗诉奠定了坚实基础；最高人民检察院依法提出抗诉，不仅为最高人民法院启动再审提供了重要前提，也为依法改判提供了重要参考。抗诉理由从认定事实证据到适用法律，都进行了有力的论证和充分的说理，并最终被最高人民法院再审判决所采纳。

2. 法律评价和政策考量相结合

本案中，作为最高检察机关和最高审判机关，"两高"在法律适用方面准确理解法律规范精神，着眼于维护职工切身利益，坚持法律评价和政策考量相结合，确定了对"应当认定工伤"规定不明确的，应从宽适用的原则；从维护职工切身利益和单位需要出发，特别从保护劳动者权益方面进行解释，综合了劳动者的职责、行为目的、行为背景等多重因素进行认定，界定了有关"本单位利益"的界定标准，最终得出应当认定为工伤的结论，对于审理同类案件具有较强的借鉴意义。

# 模块七
# 行政赔偿案例研习

# 案例1  刘峰峰诉镇人民政府
# 行政赔偿案 ❶

## 一、基本案情

2015年，刘峰峰向一审法院起诉，称其位于镇马店村北的承租地上建设的6500平方米的房屋于2013年4月13日被镇政府强制拆除，并提交了事后与镇政府相关负责人就被拆除房屋的赔偿问题进行协商的录音及房屋被强制拆除现场的照片。镇政府主张其未对刘峰峰的房屋实施强制拆除，但也未提供相反的证据证明。2016年12月29日，一审法院作出（2015）第128号行政判决书，认定镇政府于2013年4月13日实施了对刘峰峰在镇马店村北清路北侧集体土地上建设的涉案房屋的强制拆除行为，且其在强制拆除过程中既未通知刘峰峰到场，亦未告知其享有的权利，属于程序违法。由于涉案房屋已经被拆除，被诉行为不具有可撤销内容，一审法院最终判决确认镇政府所实施的上述强制拆除行为违法。镇政府不服，提起上诉。二审法院经审理，于2017年2月27日作出第209号行政判决书，判决驳回上诉，维持一审判决。2018年8月21日，刘峰峰向镇政府通过邮寄的方式提交国家赔偿申请书，要求镇政府依法赔偿违法

---

❶ 参考北京市中级人民法院（2019）京01行赔终113号秦某某与北京市昌平区东小口镇人民政府不服行政侵权赔偿决定赔偿行政判决书，https://wenshu.court.gov.cn/website/wenshu/181107ANFZ0BXSK4/index.html?docId=2155fc14720b44aaa6a1ab43000bcbe4，中国裁判文书网，内容有所改改。

强拆刘峰峰房屋、毁损刘峰峰财产所造成的财产损失 340 万元。镇政府于 2018 年 8 月 22 日签收后，未在法定期限内向刘峰峰作出回复。刘峰峰不服，于 2019 年 1 月 20 日向一审法院邮寄提交行政赔偿诉讼立案材料，提起行政赔偿诉讼。刘峰峰请求判令镇政府依法赔偿违法强拆其房屋、毁损其财产所造成的财产损失 5099420 元。

另查明，2015 年 5 月 18 日，县规划局向镇政府出具《关于规划审批情况的告知函》，确认涉案房屋未取得规划许可。2015 年 9 月 17 日，县国土资源局向镇政府出具《关于刘峰峰在镇马店村土地使用情况的确认函》载明："刘峰峰在镇马店村北清路北侧擅自占用集体土地建设砖混结构房屋，占地面积约 24 亩，未办理用地审批手续。"庭审中，刘峰峰亦认可其在承租地上建设的房屋未取得建房审批手续。

## 二、案例研习

### 项目一：法律关系分析

1. 案件性质

此案属于行政赔偿案件，具体而言是因行政机关的行政强制行为引发的行政赔偿纠纷。

2. 案件法律关系主体

刘峰峰是行政赔偿申请人，镇政府是行政赔偿义务机关。

《国家赔偿法》（2012 年修正，2013 年实施）第六条第一款规定："受害的公民、法人和其他组织有权要求赔偿。"刘峰峰所有的房屋被行政机关强制拆除，作为财产权被侵害的公民有权要求赔偿，是赔偿申请人。

《国家赔偿法》第七条第一款规定："行政机关及其工作人员行使行

政职权侵犯公民、法人和其他组织的合法权益造成损害的，该行政机关为赔偿义务机关。"镇政府作为实施强制拆除刘峰峰房屋的行政机关，是赔偿义务机关。

刘峰峰向镇政府申请行政赔偿遭拒后，刘峰峰提起行政赔偿诉讼，成为行政赔偿诉讼的原告，镇政府成为行政赔偿诉讼的被告。

# 项目二：证据材料分析

1. 原告提供证据的分析

（1）第 128 号行政判决书。

（2）第 209 号行政判决书。

证据（1）、证据（2）属于书证，证明镇政府强制拆除行为违法，同时强制拆除行为给其带来包括 6500 平方米的房屋被拆毁、配套生活设施及家具家电、装饰装修被毁坏等项损失，符合《国家赔偿法》规定的国家赔偿构成要件。

（3）国家赔偿申请书。

（4）国家赔偿申请书邮寄单据。

（5）国家赔偿申请书签收记录。

证据（3）、证据（4）、证据（5）均属于书证，证明原告通过邮寄方式向镇政府提交了书面的国家赔偿申请书，镇政府于 2018 年 8 月 22 日签收，进而证明镇政府未在法定期限两个月内，即 2018 年 10 月 22 日前，作出是否予以赔偿的决定。

（6）立案材料邮寄单据。该证据属于书证，证明其于 2019 年 1 月 20 日以邮寄方式向法院递交书面的立案材料，在 2019 年 1 月 23 日前即法定期限内主张自身的合法权益，并未超过法定的起诉期限。

（7）涉案房屋平面图。该证据属于书证，显示了涉案 6500 平方米房屋平面分布情况，证明其地上房屋等合法财产受损状况。

（8）原告与镇政府工作人员的对话录音。该证据属于视听资料，证明镇政府在违法强拆之后，已经获知给其造成数百万元的损失，却迟迟未能落实，镇政府敷衍塞责导致其未能获得赔偿，致使其不得不通过法律手段维权，获得国家赔偿。同时根据《最高人民法院关于行政诉讼证据若干问题的规定》第十二条规定：当事人向人民法院提供视听资料属于声音资料的，应当附有该声音内容的文字记录，因此该证据提交时应同时附加声音转化的文字记录证据。

（9）涉案房屋租赁人的证言。该证据属于证人证言，证明因为被告镇政府违法强拆涉案房屋时，涉案房屋已被出租给租赁人，导致原告赔偿租赁人搬迁费、违约金等共计 742000 元。根据《最高人民法院关于行政诉讼证据若干问题的规定》第十三条的规定，"当事人向人民法院提供证人证言的，应当符合下列要求：（一）写明证人的姓名、年龄、性别、职业、住址等基本情况；（二）有证人的签名，不能签名的，应当以盖章等方式证明；（三）注明出具日期；（四）附有居民身份证复印件等证明证人身份的文件。"因此，证人证言除了证人签名并签署日期的证言本身之外，还应附加证人的身份证明。

（10）被告强拆涉案房屋照片。该证据属于物证。

（11）财产损失登记表。该证据属于书证。

证据（10）、证据（11）证明被告镇政府在强制拆除过程中造成原告房屋以及各类建筑材料、家具家电等财产的损失，且被告镇政府已进行登记，应当依照财产损失登记表进行赔偿。

2. 被告提供证据的分析

（1）县规划局《关于规划审批情况的告知函》。

（2）县国土资源局《关于刘峰峰在镇马店村土地使用情况的确认函》。

（3）镇2012年第三季度遥感监测图斑分布图。

（4）镇2011年遥感监测图斑分布图。

证据（1）至证据（4）均属于书证，证明涉案地块上建筑物系未取得规划许可，亦未办理用地审批手续的违法建筑，不属于合法权益损失，因此不属于国家赔偿范围。

（5）镇政府《限期整改告知书》三份。该证据属于书证，证明被告在2011年、2012年即向刘峰峰送达限改告知书，告知逾期不拆除的后果。行政赔偿诉讼审查内容是行政职权行为是否造成损害以及国家是否对请求人的赔偿请求承担赔偿责任的问题，被告提供该证据目的是证明拆除涉案建筑行为并不违法。拆除涉案建筑行为已被生效的法院判决确认为违法行政行为，该行政行为的合法与否不是行政赔偿诉讼的审查内容，因此该证据与本案审查内容不具有关联性，不应予以认定。

# 项目三：法律适用分析

本案涉及法律规范包括：《国家赔偿法》（2013年1月1日实施）、《行政诉讼法》（2015年5月1日，已被修改）、《最高人民法院关于审理行政赔偿案件若干问题的规定》（1997年4月29日实施，已失效）。

1.《国家赔偿法》相关规定

【条文1】第二条　国家机关和国家机关工作人员行使职权，有本法规定的侵犯公民、法人和其他组织合法权益的情形，造成损害的，受害人有依照本法取得国家赔偿的权利。本法规定的赔偿义务机关，应当依照本法及时履行赔偿义务。

【条文2】第四条　行政机关及其工作人员在行使行政职权时有下列侵犯财产权情形之一的，受害人有取得赔偿的权利：（一）违法实施罚款、吊销许可证和执照、责令停产停业、没收财物等行政处罚的；（二）违法对财产采取查封、扣押、冻结等行政强制措施的；（三）违法征收、征用财产的；（四）造成财产损害的其他违法行为。

【适用】根据业已生效的第209号行政判决书，被告镇政府强制拆除房屋行为违法，属于《国家赔偿法》第四条第四项规定"造成财产损害的其他违法行为"，因此原告刘峰峰有获得国家赔偿的权利。被告镇政府应该依法及时履行赔偿义务。

【条文3】第三十九条　赔偿请求人请求国家赔偿的时效为两年，自其知道或者应当知道国家机关及其工作人员行使职权时的行为侵犯其人身权、财产权之日起计算，但被羁押等限制人身自由期间不计算在内。在申请行政复议或者提起行政诉讼时一并提出赔偿请求的，适用行政复议法、行政诉讼法有关时效的规定。赔偿请求人在赔偿请求时效的最后六个月内，因不可抗力或者其他障碍不能行使请求权的，时效中止。从中止时效的原因消除之日起，赔偿请求时效期间继续计算。

【适用】2017年2月27日，209号行政诉讼判决确认镇政府所实施的强制拆除行为违法，原告应自2017年2月27日起两年内请求国家赔偿。

原告刘峰峰于 2018 年 8 月 21 日向被告镇政府申请国家赔偿,未超过国家赔偿申请法定时效。

【条文 4】第十三条　赔偿义务机关应当自收到申请之日起两个月内,作出是否赔偿的决定。赔偿义务机关作出赔偿决定,应当充分听取赔偿请求人的意见,并可以与赔偿请求人就赔偿方式、赔偿项目和赔偿数额依照本法第四章的规定进行协商。赔偿义务机关决定赔偿的,应当制作赔偿决定书,并自作出决定之日起十日内送达赔偿请求人。赔偿义务机关决定不予赔偿的,应当自作出决定之日起十日内书面通知赔偿请求人,并说明不予赔偿的理由。

【条文 5】第十四条　赔偿义务机关在规定期限内未作出是否赔偿的决定,赔偿请求人可以自期限届满之日起三个月内,向人民法院提起诉讼。赔偿请求人对赔偿的方式、项目、数额有异议的,或者赔偿义务机关作出不予赔偿决定的,赔偿请求人可以自赔偿义务机关作出赔偿或者不予赔偿决定之日起三个月内,向人民法院提起诉讼。

【适用】刘峰峰作为赔偿请求人依法向赔偿义务机关镇政府提出国家赔偿申请后,镇政府应自收到申请之日起两个月内,作出是否赔偿的决定。镇政府未作出任何答复,违反法律规定。刘峰峰在期限届满之日起三个月内向法院提起行政赔偿诉讼,符合法律规定。

【条文 6】第三十六条　侵犯公民、法人和其他组织的财产权造成损害的,按照下列规定处理:

(一)处罚款、罚金、追缴、没收财产或者违法征收、征用财产的,返还财产;

(二)查封、扣押、冻结财产的,解除对财产的查封、扣押、冻结,造成财产损坏或者灭失的，依照本条第三项、第四项的规定赔偿；

（三）应当返还的财产损坏的，能够恢复原状的恢复原状，不能恢复原状的，按照损害程度给付相应的赔偿金；

（四）应当返还的财产灭失的，给付相应的赔偿金；

（五）财产已经拍卖或者变卖的，给付拍卖或者变卖所得的价款；变卖的价款明显低于财产价值的，应当支付相应的赔偿金；

（六）吊销许可证和执照、责令停产停业的，赔偿停产停业期间必要的经常性费用开支；

（七）返还执行的罚款或者罚金、追缴或者没收的金钱，解除冻结的存款或者汇款的，应当支付银行同期存款利息；

（八）对财产权造成其他损害的，按照直接损失给予赔偿。

【适用】被告镇政府违法强制拆除房屋所造成的家具家电、生活用品及树木损失，因上述财产已灭失，应根据该条第四项的规定，给付相应的赔偿金。

对于原告所主张的租金及押金收入、搬迁费和损失费等损失，因上述损失并非被告镇政府强制拆除行为导致的直接损失，根据该条第八项的规定，不属于国家赔偿范围。

2.《最高人民法院关于审理行政赔偿案件若干问题的规定》相关规定

【条文7】第二十一条　赔偿请求人单独提起行政赔偿诉讼，应当符合下列条件：

（1）原告具有请求资格；

（2）有明确的被告；

（3）有具体的赔偿请求和受损害的事实根据；

（4）加害行为为具体行政行为的，该行为已被确认为违法；

（5）赔偿义务机关已先行处理或超过法定期限不予处理；

（6）属于人民法院行政赔偿诉讼的受案范围和受诉人民法院管辖；

（7）符合法律规定的起诉期限。

【适用】该条是赔偿请求人单独提起行政赔偿诉讼的条件。刘峰峰作为赔偿请求人提起诉讼时符合该条规定的各项条件，法院应依法受理其起诉。

3.《行政诉讼法》相关规定

【条文8】第三十八条第二款　在行政赔偿、补偿的案件中，原告应当对行政行为造成的损害提供证据。因被告的原因导致原告无法举证的，由被告承担举证责任。

【适用】在行政赔偿案件中，原告刘峰峰应当对被告违法强制拆除行为造成的损害提供证据。

# 项目四：争议焦点分析

本案的争议焦点：原告的起诉是否超过了行政赔偿诉讼的起诉期限，原告的损失是否属于国家赔偿范围。

1. 原告的赔偿请求是否超过法定时效、起诉是否超过法定期限

第209号行政诉讼判决生效时间为2017年2月27日，原告应该自该日起两年内申请国家赔偿。原告2018年8月21日向被告赔偿义务机关镇政府提交了国家赔偿申请书，被告镇政府认可其于2018年8月22日签收该份申请。因此原告的赔偿请求没有超过请求赔偿法定时效。被告镇政府收到原告刘峰峰的赔偿请求后应在两个月内，即2018年10月22日前作

出是否赔偿的决定，但被告未作任何答复，因此原告刘峰峰可以在两个月期限届满之日起三个月内，即 2019 年 1 月 22 日前提起行政赔偿诉讼。本案中原告 2019 年 1 月 20 日向法院提起行政赔偿诉讼，故没有超过提起诉讼的法定期限。

2. 原告的损失是否属于国家赔偿范围

对于原告所主张的涉案房屋损失，因该涉案房屋属于违法建筑，其损失不受法律保护，故不属于国家赔偿范围。对于原告所主张的建筑及装修材料、砌墙人工费、电工人工费、水工人工费等损失，当涉案房屋建设完成之时上述价值转化为房屋价值，故即使涉案房屋损失属于国家赔偿范围，也不能与房屋损失一同赔偿。对于原告所主张的租金及押金收入、搬迁费和损失费等损失，因上述损失并非原告所诉强制拆除行为导致的直接损失，故不属于国家赔偿范围。对于原告所主张的家具家电、生活用品及树木损失，是因被告违法强拆行为所导致的直接损失，故属于国家赔偿范围。

## 三、延伸思考

本案属于行政赔偿诉讼案件，而行政赔偿诉讼的举证责任分配原则与行政诉讼是不同的，采用的是"谁主张、谁举证"的原则，即原告在行政赔偿诉讼中对自己的主张承担举证责任，被告有权提供不予赔偿或者减少赔偿数额方面的证据。如果原告不能证明行政行为导致的损害，要承担不利的法律后果。但是根据《行政诉讼法》第三十八条第二款的规定，因为被告的原因导致原告无法举证的，由被告承担举证责任。例如，在最高人民法院 2017 年 11 月 15 日发布的第 91 号指导案例中，其裁判要点指出"在房屋强制拆除引发的行政赔偿案件中，原告提供了初步证据，但因行政机关的原因导致原告无法对房屋内物品损失举证，行政机关亦因未依法进行财产登记、公证等措施无法对房屋内物品损失举证的，人民法院对原告未超出市场价值的符合生活常理的房屋内物品的赔偿请求，应当予以支持"。

# 案例2  王秦月等诉S市综合行政执法局T分局行政赔偿案 [●]

## 一、基本案情

2012年1月4日，王秦月等五人成立秦月合作社，取得了农民专业合作社法人营业执照。2013年，秦月合作社与某村民小组签订土地租赁协议，租用约6亩土地建造猪栏舍及其他附属设施，进行生猪养殖经营。2013年9月17日，该养猪场因养殖需要，购进30台畜禽绿色养殖机。经H省S市凤凰镇人民政府审核，H省S市农业机械化管理局同意给予该养猪场购机财政补贴资金7.5万元。2013年度、2014年度，该合作社在H省农民专业合作社综合培训中，均达到培训要求，考核合格。2015年4月20日，H省S市畜牧兽医局下发三牧医〔2015〕16号《关于下达2015年动物标识及疫病可追溯体系建设示范点资金的通知》，安排4万元给该养猪场，作为建设动物标识及疫病可追溯体系专项资金。

2015年4月30日，H省S市动物卫生监督所下发三动卫监〔2015〕23号《责令整改通知书》，要求该养猪场：一、建设一个与生产规模相适应的无害化处理、污水污物处理设施设备；二、立即停止使用潲水饲养生猪；三、限期3个月（即2015年7月30日前）整改。

---

❶ 本案参考最高人民法院（2020）最高法行赔再7号行政赔偿判决书编写，http://www.court.gov.cn/zixun-xiangqing-303421.html，中国裁判文书网，内容有所删改。

2015 年 6 月 4 日，T 区政府印发了《S 市 T 区 S 河综合整治实施方案》，同年 7 月 22 日印发《S 市 T 区 S 西河沿岸养殖场洗涤厂等高污染业河道卫生专项整治行动方案》，以上两个方案规定：对养殖场和经营者居住房屋，若属于违章（法）建筑的，按相关规定进入拆迁程序，由 H 省 S 市 T 区原城市管理局依法进行拆除；不属于违章（法）建筑的养殖场，联合市国土环保局按相关规定进行关停，同时，对关停的养殖场要加大督查力度，严禁再次营业。

2015 年 6 月 11 日，H 省 S 市原国土环境资源局下发三土环资察〔2015〕395 号《责令限期治理通知书》，要求各畜禽养殖户：一、在 2015 年 8 月 30 日之前，必须建设水污染防治设施，实行养殖猪栏舍雨污分流，养殖污水、尿液防渗存储池，养殖粪便干清粪并建设防雨防渗粪便堆积场所。所有养殖尿液、养殖废水、养殖粪便要回收用于农业生产，不得超标排放。二、逾期未完成水污染防治设施建设的养殖户，将报请 H 省 S 市人民政府批准予以关闭。王秦月等五人接到以上通知后，即着手进行整改，建设相关的水污染防治设施。建设无害化处理池 1 座、干清粪便堆场 1 处、三级化粪池 2 座、防渗储存池 1 座、雨污分流管等水污染防治设施，并于同年 7 月投入使用。

2015 年，王秦月等五人根据环保部门要求，对养猪场进行整改，建设相关的水污染防治设施并于同年 7 月投入使用。2015 年 8 月 26 日，在未经上述环保部门验收的情况下，T 区综合行政执法局以养猪场属违法建筑为由，未作出任何处理决定并未告知王秦月等五人相关权利，便对养猪场及相关附属设施实施了强制拆除。

2016 年 1 月 11 日，秦月合作社注销登记被核准。

## 二、案例研习

### 项目一：法律关系分析

1. 案件性质

此案属于行政赔偿案，具体而言，是 T 区原综合行政执法局以养猪场属违法建筑为由，未作出任何处理决定，也未告知王秦月等五人相关权利，便对养猪场及相关附属设施实施了强制拆除引发的行政赔偿纠纷。《国家赔偿法》第四条第四项规定，行政机关及其工作人员在行使行政职权时有下列侵犯财产权情形之一的，受害人有取得赔偿的权利：……（四）造成财产损害的其他违法行为。本案对原 T 区综合执法局是否应当承担赔偿责任进行审查，重点审查被强拆的建筑是否属于违法建筑、T 区原综合行政执法局是否应当承担赔偿责任、赔偿范围及金额等问题。

2. 案件法律关系主体

2015 年 1 月，S 市 T 区城市管理局、综合行政执法局成立，两局属于一套人马两块牌子。2015 年查处涉案养猪场时，使用的是 H 省 S 市 T 区城市管理局的印章，而在 2015 年实施强拆时，使用的是 T 区综合行政执法局的印章。2019 年 2 月 22 日三办发（2019）14 号《中共 S 市委办公室 S 市人民政府办公室关于印发〈T 区机构改革方案〉的通知》发布后，2019 年 3 月底 S 市组建 T 区综合行政执法局，不再保留 T 区城市管理局。后 T 区综合行政执法局变更为 S 市综合行政执法局 T 分局（以下简称 T 分局）。

在行政法律关系中，T 区原综合行政执法局是行政强拆行为的行政主体；王秦月等五人是行政相对人。根据《行政诉讼法》第二十六条第六项规定"行政机关被撤销或者职权变更的，继续行使其职权的行政机关是被告。"故，在一审行政诉讼法律关系中，王秦月等五人是原告，T分局为被告；在二审诉讼法律关系中，T分局为二审上诉人，王秦月等五人是二审被上诉人；在再审法律关系中，王秦月等五人是再审申请人，T分局为再审被申请人。

# 项目二：证据材料分析

## 1. 被告一审提供的证据

（1）《S市T区城市管理局公文呈批表》。该证据属于书证。

（2）《拆除通知》。该证据属于书证。

证据（1）、（2）证明本案拆除行为的决定是由T区海洋渔业水务局作出的，T区城市管理局只是执行单位。人民法院审理行政赔偿案件，赔偿请求人和赔偿义务机关对自己提出的主张，应当提供证据。被告一审提供的上述证据，旨在证明其不是本案的赔偿义务机关。

## 2. 原告一审提供的证据

（1）《S市T区城市管理局关于王秦月信访事项复函》（T城管函〔2015〕265号）照片各一份。该证据属于书证，证明被告对原告养猪场进行了强拆，T区城市管理局在答复中称占地面积和建筑面积都是2800平方米，且是由T区政府要求由T区海洋渔业水务局牵头实施的能够证明该强拆行为的实施单位是T区政府和T区海洋渔业水务局，T区城市管理局未提供证据也未能证明其不是强拆实施单位。根据复函中提到的建筑面积2800平方米与强拆文件中建筑面积1000平方米相差巨大，关于证据照片中是在大门上写的拆除通知，落款为T区政府，也能证明强拆行为是 T 区政府实施的。

（2）《营业执照》《组织机构代码证》《企业机读档案登记资料》。该证据属于书证，证明原告出资建设养猪场是秦月养猪农民专业合作社的投资人，且该合作社已于 2016 年 1 月 11 日注销。

（3）强拆视频资料。该证据属于视听资料，证明强拆时养猪场情况。

（4）照片十五张。该证据属于物证，证明原告养猪场规模情况。

（5）2013—2015 年度养猪场财务报表各一份、固定资产证明一份。该证据属于书证，证明原告固定资产损失为 1763000 元，2013 年净利润为 51501.17 元，2014 年为 133031 元，2015 年约为 360445.5 元。

（6）工程预算书 1 份、合同书 3 份、收据 9 份、照片 11 张。该证据属于书证，证明基于对政府的信赖，原告按照两个通知书及《畜牧养殖户污染防治治理设施规范要求》，投入 52 万元资金，建成包括无害化处理池 1 座（10.6 立方米）、干清粪便堆场 1 处（300 立方米）、三级化粪池 2 座（181 立方米）、防渗储存池 1 座（201.6 立方米）、雨污分流管 501 米的水污染防治设施，并于同年 7 月投入使用，新建水污染防治设施损失 521463.42 元。

（7）土地租赁协议书和收条各一份。该证据属于书证，证明原告无法收回的土地租金损失 35000 元（2015 年 9 月至 2019 年 3 月 1 日，共计 3 年零 6 个月租金）。

（8）小额贷款借款合同及借据各一份。该证据属于书证，证明原告贷款利息损失 11664 元。

（9）中业勤评报字〔2017〕第 0001 号《资产评估技术报告》。该证据属于书证，证明损失为 1802493 元。

人民法院审理行政赔偿案件，赔偿请求人和赔偿义务机关对自己提出的主张，应当提供证据。原告提供上述证据，证明其符合起诉条件、被告的侵权行为、损失的范围及计算标准、侵权行为与损害结果之间的因果关系等。

# 项目三：争议焦点分析

本案主要是围绕 T 分局是否应当承担赔偿责任进行审查。结合案件事实及当事人争议，重点审查被强拆的建筑是否属于违法建筑、T 分局是否应当承担赔偿责任等问题。本案主要涉及法律规范包括：《国家赔偿法》（2013 年 1 月 1 日实施）、《行政诉讼法》（2015 年 5 月 1 日实施）及国家部委的相关规范性文件。

1. 关于涉案被强拆的建筑是否属于"违法建筑"的问题

（1）《国土资源部、农业部关于完善设施农用地管理有关问题的通知》（国土资发〔2010〕155 号）

【条文 1】设施农用地分为生产设施用地和附属设施用地，按农用地管理，不用办理农用地转用手续。农业设施的建设与用地由经营者提出申请，乡镇政府申报，县级政府审核同意。对于未经审核同意的设施农用地，要依法依规进行处理。符合设施农业用地规定的，处理到位后确需用地的，按规定完善用地手续。

（2）《国土资源部、农业部关于进一步支持设施农业健康发展的通知》（国土资发〔2014〕127 号）

【条文 2】设施农用地包括生产设施用地、附属设施用地以及配套设施用地，按农用地管理，不用办理农用地转用手续。设施农用地使用前，经营者应拟定设施建设方案并公告，公告无异议后乡镇政府、农村集体经济组织和经营者三方签订用地协议，乡镇政府应及时将用地协议与设施建设方案报县级国土资源部门和农业部门备案，不符合设施农用地有关规定的不得动工建设；对于擅自或变相将设施农用地用于其他非农建设的，应依法依规严肃查处。

【适用】原告认为秦月合作社与某村民小组签订土地租赁协议，租用约6亩土地建造猪栏舍及其他附属设施，进行生猪养殖经营。该建筑属于合法建筑；被告T分局主张被强拆建筑并未取得建设规划许可证，不属于合法建筑，应认定为"违法建筑"。

依据上述规定，在乡、村庄规划区之外进行农业设施建设虽然需要就用地办理审核或备案手续，但无须办理建设用地转用手续及取得建设规划许可证。在本案中，猪栏和饲料仓库等养殖设施属于通知规定的农用设施，虽然涉案养猪场未能办理相关的审批、备案手续，确实存在一些程序上的问题，但是其用地是通过土地租赁的方式从集体经济组织合法取得，而相关政府部门并未及时作出处罚或完善手续的决定，反而发放给秦月合作社政府专项补贴以及资金，对其发展生猪养殖业予以鼓励与支持，证明行政机关对该养猪场的认可，且秦月合作社系经王秦月等五人合法登记成立的生猪养殖合作社，至强拆行为发生之时仍合法有效。因此，王秦月等五人基于对政府的信赖，在涉案土地上兴建养猪设施，不能认定为违法建筑。

2.T分局是否应当承担赔偿责任

（1）《国家赔偿法》相关规定

【条文3】第四条 行政机关及其工作人员在行使行政职权时有下列侵犯财产权情形之一的，受害人有取得赔偿的权利：……（四）造成财产损害的其他违法行为。

【条文4】第三十六条 侵犯公民、法人和其他组织的财产权造成损害的，按照下列规定处理：……（八）对财产权造成其他损害的，按照直接损失给予赔偿。

【条文5】第十五条 人民法院审理行政赔偿案件，赔偿请求人和赔偿义务机关对自己提出的主张，应当提供证据。

（2）《行政诉讼法》相关规定

【条文6】第二十六条 公民、法人或者其他组织直接向人民法院提起诉讼的，作出行政行为的行政机关是被告；行政机关被撤销或者职权变更的，继续行使其职权的行政机关是被告。

【条文7】第七十六条 人民法院判决确认违法或者无效的，可以同时判决责令被告采取补救措施；给原告造成损失的，依法判决被告承担赔偿责任。

【适用】依据上述规定，2018年12月20日，S市中院作出（2018）Q02行初32号行政判决，确认T区城市管理局2015年8月26日强拆涉案养猪场及附属设施的行政行为违法；S市中院就强拆行为违法之诉作出（2018）Q02行初32号行政判决后，T区综合行政执法局不服提起上诉，H省高院已于2019年5月27日作出（2019）Q行终341号行政判决，驳回上诉，维持原判。再审法院就T分局应就强制拆除行为造成的损失予以赔偿予以确认，并就具体的赔偿范围及金额作出认定。

## 三、延伸思考

近年来，最高人民法院按照"一个案例胜过一打文件"的要求，不断强化典型案例的价值引领和行为规范作用，先后发布了两批保护产权和企业家合法权益典型案例。发布保护产权和企业家合法权益典型案例，是人民法院认真学习贯彻习近平法治思想，贯彻落实《中共中央、国务院关于完善产权保护制度依法保护产权的意见》，依法保护产权和企业家合法权益的具体实践。通过发布典型案例，一是继续释放加强产权和企业家权益司法保护力度的积极信号，二是不断增强人民法院加强产权和企业家合法权益保护的责任感使命感，三是通过持续发布典型案例，厘清法律界限，统一裁判尺度，做深做实产权和企业家合法权益司法保护工作。

1. 彰显平等保护原则

平等保护是法律的精神和原则。人民法院对产权进行司法保护，不论国企民企、内资外资、大中小微企业、法人自然人均一视同仁。本案中，最高人民法院通过再审改判，依法保护了一家养猪农民专业合作社以及相关权利人的合法产权利益，表明了人民法院依法平等保护各类所有制经济和各类产权主体的信念与决心。本案具有涉农因素，依法审理涉农产权案件，切实维护涉农产权主体和农民的合法产权利益，是人民法院服务乡村振兴、维护农民权益的应有之义。

2. 助推法治政府、政务诚信建设

《产权保护意见》明确提出，要完善政府守信践诺机制，大力推进法治政府和政务诚信建设，加大对政务失信行为惩戒力度。本案中，王秦月等五人在经营养猪场期间多次获得财政补贴资金和专项资金，经营期间，积极落实环保部门有关通知要求，建设水污染防治设施，基于对行政机关信赖而开展经营与投入。T区原综合行政执法局片面理解违法建筑认定标准，且未经当事人陈述申辩或者听证就实施的强拆行为缺乏合理性。人民法院判决确认强拆行为违法，并判决政府赔偿老百姓因信赖公权力而产生的损失，对提升政府公信力、推动法治政府建设具有重要意义。

# 参考文献

〔1〕姜明安.行政法与行政诉讼法〔M〕.第七版.北京：北京大学出版社，2018.

〔2〕韩凤然.行政法与行政诉讼法〔M〕.第二版.北京：高等教育出版社，2016.

〔3〕诰凤涛.行政复议典型案例选编〔M〕.第一辑.北京：中国法制出版社，2010.

〔4〕甘藏春.行政复议典型案例选编〔M〕.第三辑.北京：中国法制出版社，2013.

〔5〕何兵.行政法案例研习〔M〕.北京：高等教育出版社，2005.

〔6〕胡锦光.行政法案例分析〔M〕.第二版.北京：中国人民大学出版社，2006.

〔7〕章志远.行政法案例分析教程〔M〕.北京：北京大学出版社，2016.

〔8〕余凌云.行政法案例分析和研究方法〔M〕.北京：中国人民大学出版社，2008.

〔9〕李光宇.政府信息公开诉讼：理念、方法与案例〔M〕.北京：法律出版社，2009.

〔10〕章剑生，黄锴.行政法判例研读（Ⅰ）〔M〕.北京：法律出版社，2017.

〔11〕章剑生，黄锴.行政法判例研读（Ⅱ）〔M〕.北京：法律出版社，2018.

〔12〕湛中乐.公务员行政许可法读本〔M〕.北京：中央文献出版社，2004.

〔13〕张兴祥.中国行政许可法的理论和实务〔M〕.北京：北京大学出版社，2003.

〔14〕应松年，刘莘.中华人民共和国行政强制法条文释义与案例适用〔M〕.北京：中国市场出版社，2011.

〔15〕王宝明.行政强制法案例教程〔M〕.北京：中国法制出版社，2011.

〔16〕杨建顺.行政强制法18讲〔M〕.北京：中国法制出版社，2011.

〔17〕莫于川.行政强制操作规范与案例〔M〕.北京：法律出版社，2011.

〔18〕朱新力.新编国家赔偿法要义与案例释解〔M〕.北京：法律出版社，2011.

〔19〕最高人民法院行政审判庭.最高人民法院行政诉讼法司法解释理解与适用

　　〔M〕.北京：人民法院出版社，2019.

〔20〕最高人民法院.https://wenshu.court.gov.cn/〔EB/DB〕.中国裁判文书网.

# 附录一 最高人民法院公布行政指导案例目录

1. 最高人民法院指导案例 5 号：鲁潍（福建）盐业进出口有限公司苏州分公司诉江苏省苏州市盐务管理局盐业行政处罚案

2. 最高人民法院指导案例 6 号：黄泽富、何伯琼、何熠诉四川省成都市金堂工商行政管理局行政处罚案

3. 最高人民法院指导案例 21 号：内蒙古秋实房地产开发有限责任公司诉呼和浩特市人民防空办公室人防行政征收案

4. 最高人民法院指导案例 22 号：魏永高、陈守志诉来安县人民政府收回土地使用权批复案

5. 最高人民法院指导案例 26 号：李健雄诉广东省交通运输厅政府信息公开案

6. 最高人民法院指导案例 38 号：田永诉北京科技大学拒绝颁发毕业证、学位证案

7. 最高人民法院指导案例 39 号：何小强诉华中科技大学拒绝授予学位案

8. 最高人民法院指导案例 40 号：孙立兴诉天津新技术产业园区劳动人事局工伤认定案

9. 最高人民法院指导案例 41 号：宣懿成等诉浙江省衢州市国土资源

局收回国有土地使用权案

10. 最高人民法院指导案例 59 号：戴世华诉济南市公安消防支队消防验收纠纷案

11. 最高人民法院指导案例 60 号：盐城市奥康食品有限公司东台分公司诉盐城市东台工商行政管理局工商行政处罚案

12. 最高人民法院指导案例 69 号：王明德诉乐山市人力资源和社会保障局工伤认定案

13. 最高人民法院指导案例 76 号：萍乡市亚鹏房地产开发有限公司诉萍乡市国土资源局不履行行政协议案

14. 最高人民法院指导案例 77 号：罗镕荣诉吉安市物价局物价行政处理案

15. 最高人民法院指导案例 88 号：张道文、陶仁等诉四川省简阳市人民政府侵犯客运人力三轮车经营权案

16. 最高人民法院指导案例 89 号："北雁云依"诉济南市公安局历下区分局燕山派出所公安行政登记案

17. 最高人民法院指导案例 90 号：贝汇丰诉海宁市公安局交通警察大队道路交通管理行政处罚案

18. 最高人民法院指导案例 91 号：沙明保等诉马鞍山市花山区人民政府房屋强制拆除行政赔偿案

19. 最高人民法院指导案例 94 号：重庆市涪陵志大物业管理有限公司诉重庆市涪陵区人力资源和社会保障局劳动和社会保障行政确认案

20. 最高人民法院指导案例 101 号：罗元昌诉重庆市彭水苗族土家族自治县地方海事处政府信息公开案

21. 最高人民指导案例 113 号：迈克尔·杰弗里·乔丹与国家工商行政管理总局商标评审委员会、乔丹体育股份有限公司"乔丹"商标争议行政纠纷案

22. 最高人民法院指导案例 114 号：克里斯蒂昂迪奥尔香料公司诉国家工商行政管理总局商标评审委员会商标申请驳回复审行政纠纷案

23. 最高人民法院指导案例 136 号：吉林省白山市人民检察院诉白山市江源区卫生和计划生育局、白山市江源区中医院环境公益诉讼案

24. 最高人民法院指导案例 137 号：云南省剑川县人民检察院诉剑川县森林公安局怠于履行法定职责环境行政公益诉讼案

25. 最高人民法院指导案例 138 号：陈德龙诉成都市成华区环境保护局环境行政处罚案

26. 最高人民法院指导案例 139 号：上海鑫晶山建材开发有限公司诉上海市金山区环境保护局环境行政处罚案

27. 最高人民法院指导案例 177 号：海南临高盈海船务有限公司诉三沙市渔政支队行政处罚案

28. 最高人民法院指导案例 178 号：北海市乃志海洋科技有限公司诉北海市海洋与渔业局行政处罚案

# 附录二 行政研习案例相关 主要法律规范

1. 中华人民共和国国家赔偿法

2. 中华人民共和国行政强制法

3. 中华人民共和国政府信息公开条例

4. 中华人民共和国行政处罚法

5. 中华人民共和国行政复议法

6. 中华人民共和国行政复议法实施条例

7. 中华人民共和国行政许可法

8. 中华人民共和国行政诉讼法

9. 最高人民法院关于适用《中华人民共和国行政
   诉讼法》的解释